방황해도 괜찮아.
실패해도 괜찮아.
두려워 하지 않는 용기로
청춘을 마음껏 즐기세요

박윤 드림.

| 법륜 스님의 청춘 멘토링 |

방황해도 괜찮아

| 법륜 스님의 청춘 멘토링 |

방황해도 괜찮아

법륜 지음 | 박승순 그림

지식채널

— 머리말 —

청춘의 자전거로 달리기

　사람은 살아가면서 나이에 따라 시기마다 여러 가지 고민을 겪습니다. 유치원 아이들에게는 한글과 알파벳을 외우는 게 큰 과제죠. 초등학교에 입학하면 구구단을 외우는 게 고민입니다. 학생은 공부하는 게 고민이고, 청년은 연애나 취업으로 고민합니다. 어른이 되면 고민이 끝이 나냐고요? 직장이나 사회생활은 물론, 집에서의 가족 관계 등 고민거리가 많습니다. 지나고 보면 사실 그때 고민하던 문제는 별것 아니었는데, 그 당시에는 알 수 없었죠.

　시기뿐 아니라 개인마다 고민은 다 다릅니다. 남의 고민을 들으면 별것 아닌 걸로 고민하는 것 같고, 내 고민은 지구가 멸망하는 것보다 더 심각하게 느껴지지요. 그러나 내 고민 역시 남이 들으면 별것 아닌 고민이라고 생각할지도 모릅니다. 이게 바로 인생이지요.

청춘들과 만나면 "스님, 너무 괴로워요."라며 연애나 취업, 미래에 대한 고민을 털어놓습니다. 청춘들은 이런 고민을 나 혼자 겪는 일인 양 세상이 끝난 것처럼 두렵고 절망스러워하는데, 사실 이런 고민은 누구나 다 합니다. 애인과 겪는 애정 문제, 상사와의 갈등이나 조직에 대한 불만 등 직장 문제, 불안한 미래에 대한 고민, 시험공부를 계속해야 할까 그만두어야 할까 등등. 우리 인생 앞에 고민거리는 끊임없이 찾아옵니다.

청춘들은 어떤 선택을 앞에 두고 이렇게 하는 게 좋을까, 저렇게 하는 게 좋을까 고민합니다. 어떤 선택을 해도 좋습니다. 중요한 점은 선택에 따른 책임을 지는 것입니다. 예를 들어 결혼을 하느냐, 안 하느냐가 중요한 문제가 아니라 결혼하겠다고 선택했다면 그에 대한 책임을 짊어지는 게 중요합니다.

흔히들 선택만 중요시하고 그 선택에 따른 책임 의식은 잊어버립니다. 책임 의식이 없어서 자꾸 선택의 문제 앞에서 고민만 거듭하는 것입니다. 지금 우리가 살고 있는 하루하루의 삶은 더없이 소중한 삶의 과정입니다. 도전하다 보면 때로는 실패할 수도 있습니다. 그러면 반성하면서 다시 도전하면 됩니다. 그러고도 또 실패한다면 왜 실패했는지 분석해서 연구하고 다시 새롭게 도전해보는 겁니다.

자전거를 처음 탈 때를 떠올려보세요. 자전거에 올라타서 누구의 도움 없이 나 혼자 달리기 위해 얼마나 많은 연습을 거쳤습니까? 넘어지고 넘어지면서 중심을 잡고 달리는 법을 배우게 되었지요. 이처럼 실패를 거듭하고 연습하면서 우리는 성숙해 갑니다. 떨어지기도 하고 다치기도 하면서 하나하나 익혀 가게 됩니다. 그 과정에서 수많은 경험이 축적됩니다.

자전거에서 넘어졌을 때 '나는 왜 넘어졌을까, 왜 안 될까?' 하며 주저앉아 있다면 이것이 곧 좌절이며 절망입니다. 좌절과 절망은 연습하지도 않고 저절로 능숙해지기를 바라는 욕심 때문에 생긴 것입니다. 안 되고 넘어져도 좌절과 절망에 사로잡힐 이유는 없습니다. 안 되는 게 곧 되는 겁니다. 안 되는 과정을 몇 번 반복하고 연습하면서 곧 되는 방법을 터득할 수 있기 때문이죠.

　이 세상에 공짜로 주어지는 것은 아무것도 없습니다. 그런데 우리는 중간 과정의 연습이나 도전, 실패와 반복 과정 없이 자꾸만 결과만을 바랍니다. 그 결과가 자기 뜻대로 이루어지지 않는다고 좌절하고 절망하고 자신을 한탄하고 남을 괴롭히게 되지요. 실패를 절망이 아니라 경험으로 받아들여 연습으로 여기고 결과를 책임 있게 인정한다면, 결과가 어떻게 되든 나에게도 좋고 남에게도 좋은 자유롭고 행복한 인생을 살 수 있습니다.

　부디 실패를 두려워하지 않는 용기로 청춘을 마음껏 뛰놀기 바랍니다.

법륜

_차례_

머리말 청춘의 자전거로 달리기 ::4

첫 번 째 이 야 기
오늘과 내일 사이의 쉼표

01. 차라리 도전하지 마라 ::14
02. '합격=행복'이라는 위험한 방정식 ::20
03. 머무르는 곳마다 주인이 되어라 ::26
04. 때로는 방황해도 괜찮아 ::36
05. 후회하지 마라, 돌아보지 마라 ::44

두 번 째 이 야 기

달콤한
연애와
쌉쌀한 이별

01. 누군가 곁에 있어도 나는 외롭다 :: 54

02. 사람 연습, 사랑 예습 :: 62

03. 연애의 기술, 마음의 속설 :: 70

04. 사랑은 '1+1=2'가 아니야 :: 76

05. 사랑이 어떻게 변하니 :: 86

06. 사랑 앞에서 작아지는 순정남 :: 94

07. 내 사랑은 일방통행, 짝사랑 열병 :: 100

08. 사람 속에서 길을 묻다 :: 104

세 번째 이야기
꿈의 소리에 귀 기울이다

01. 스펙, 스펙! 해야 할 일이 너무 많아 ::114

02. 회사 가기 싫은 사람 ::120

03. 놀이 같은 공부의 비법 ::134

04. 도전과 포기, 회색 미로 속의 내일 ::144

05. 내 꿈의 방해꾼과 길 찾기 ::158

06. 마음의 감옥 ::170

네 번 째 이 야 기
무지갯빛 사랑, 하나로 만나다

01. 예쁜 걸 좋아하는 죄 :: 186
02. 혼자보다 둘이 더 외로울 때 :: 198
03. 공개 수배, 짚신의 짝 찾기 :: 212
04. 이별에 붙이는 반창고 :: 222
05. 착한 엄마 딸, 나쁜 아빠 아들 :: 232
06. 먹지도 뱉지도 못하는 나쁜 약 :: 244
07. 감사합니다, 배신자여 :: 254
08. 우리 계속 행복할 수 있을까? :: 260

첫
번
째
이
야
기

오 늘 과
내일 사이의
쉼 표

차라리 도전하지 마라

01.

"스님, 성공이 뭔가요?"

청춘들에게 자주 듣는 질문 중 하나입니다. 미래에 대해 고뇌하는 청춘이라면 누구나 한 번쯤 이런 고민에 빠지지요.

"2년 전까지만 해도 서른 살이 되기 전에 연봉 3,000만 원을 받는 게 목표였어요. 그런데 한 1년쯤 지나니까 불안한 직장 생활을 하느니 안정적으로 세무사가 되는 게 좋을 것 같아 세무사 시험공부를 시작했어요. 그러다가 이왕에 시험공부를 할 바엔 더 비전이 좋은 감정평가사가 나을 것 같아서 공부를 변경한 지 한 달째입니다. 다니던 직장을 그만두고 본격적으로 시험공부를 하려는데, 제가 무슨 일로 성공하고 싶은지 잘 모르겠어요."

열이면 열, 사람마다 성공의 기준은 전부 다릅니다. 내가 뭘 하고 싶으냐에 따라 성공 목표가 다르기 때문이지요. 그래서 자기 성공은 자기가 알지 남이 모릅니다. 제가 여러분에게 고민을 상담해주지만 그건 결국 각자 자신의 문제예요. 하지만 함께 생각해볼 수는 있습니다.

"지금은 그 시험에 합격하는 게 성공이라고 생각해요? 합격하지 못하면 실패겠네요?"

"떨어지면 계속해서 준비하려고 마음먹고 있습니다."

"만약 다섯 번 떨어지면 어떻게 하겠어요?"

"다섯 번 실패하면……. 일단 지금은 그때 상황 봐서 계속 밀고 나가고 싶습니다. 꼭 성공하고 싶거든요."

지금 이 순간에도 이와 비슷한 고민을 하면서 도서관이나 학교에서 책상 앞에 앉아 공부하는 사람이 많을 것입니다.

"시험에 합격했다 치고, 그렇게 성공하면 뭘 하려고 합니까?"

"좋은 직업과 돈벌이죠."

"돈 많이 벌어서 무얼 하시려고요?"

"그것까지는 자세히 생각해보지 않았지만 일단은 더 나은 집을 구하는 등 풍요로운 생활을 누릴 수 있다고 생각합니다."

"더 나은 집이면, 커다란 집을 말하는 건가요?"

"반드시 그렇다기보다 남들보다는 아니더라도 남들만큼은 살고 싶습니다."

대답이 참 애매모호합니다.

누구나 인생의 목표가 있을 겁니다. 그 목표를 향해 달리는 자신에게 같은 질문을 해보세요.

종종 아이들에게 "너는 소원이 뭐니?"라고 물어보면 "공부 잘하는 거예요."라고 합니다. 공부 잘해서 뭘 합니까? 좋은 대학을 가겠지요. 좋은 대학을 가서는 뭘 합니까? 좋은 직장에 취직하겠지요. 좋은 데 취직하면 뭘 합니까? 돈을 많이 벌겠죠. 돈 많이 벌면 무엇을 하겠습니까? 좋은 집을 사고, 결혼도 하고…….

내가 인생의 목표로 세운 게 있다면 그것을 이뤘을 때 무엇을 할 건지, 그러면 뭐가 좋을지 스스로에게 물어보세요. 제게 고민을 털어놓은 청년은 이렇게 대답하더군요.

"행복하게 살아야죠."

네, 그렇습니다. 우리는 모두 행복하게 살려고 지금 이 순간 노력하고 있습니다. 그런데 그렇게 노력만 하다가 결국 죽을 때까지 행복의 맛을 제대로 느껴보지도 못하고 그냥 죽기 쉽습니다.

행복은 지금 이 순간 만족하면 바로 행복해집니다. 지금 이 자리에서 바로 행복해질 수 있는데 왜 이렇게 뼁뼁 돌아서 평생 맛도 못 보고 죽을까요? 이것이 어리석다는 겁니다. 지금 만족하면 행복해집니다. 지금 걸리는 것 없이 다른 사람의 눈치를 안 보면 자유로워집니다. 누구나 지금 바로 행복해지고 자유로워질 수 있는데 그걸 위해서 너무 많은 시간과 노력을 낭비하다가 결국 죽으면서 삶을 후회하죠.

내 꿈이 왜 이랬다가 저랬다가 자꾸 바뀔까요? 교회가 좋다니 교회 갔다가 부처님 앞에서 절을 하면 소원을 들어준다니 다시 절에 가는 사람과 비슷하죠. 이런 사람은 교회나 절에는 관심이 없고 '어디로 가야 돈을 잘 벌 수 있나?'에만 관심이 있기 때문입니다. 바꿔 말하면 지금 뭘 하면 남들보다 돈을 더 많이 벌 수 있을까만 생각하는 거죠. 이 회사에 좀 다니다가 저 회사가 돈을 더 준다고 하면 바로 자리를 옮깁니다. 또 조금 있다가 다른 회사가 더 좋은 제안을 하면 바로 옮기겠지요. 돈의 노예가 되어서 평생 돈에 팔려 다니며 돈에 휘둘리는 겁니다.

무엇보다 먼저 바르게 사물을 보는 눈이 필요합니다. 눈을 뜨고 보면 행복과 자유는 지금 바로 여기에, 우리 곁에 있어요.

"공부가 재미있습니까, 괴롭습니까?"

"공부를 재미로 하는 사람이 어디 있어요. 괴롭기만 하죠."

이렇게 대답하는 사람이 많을 겁니다. 하지만 공부가 괴롭다는 사람도 합격은 행복하다고 말하죠. 그럼 공부해서 합격해야 행복할까요, 공부하는 게 행복해야 할까요? 합격은 행복하고 공부는 괴롭다는 말은 산에 오르는 건 괴롭고 산꼭대기에 올라서 내려다보는 것만 좋다는 말과 같습니다. 등산은 꼭 정상에 오르는 것만 등산이 아닙니다. 꼭대기까지 오르면 좋겠지만, 중간까지 갔다 와도 실패가 아니죠. 운동이니까 내가 한 만큼 좋은 겁니다. 공부하는 즐거움은 없고 합격하는 즐거움만 있다고 생각하는 것은 과정은 없고 결과에만 집착하는 겁니다.

시험을 보는 이유에 대해 생각해보세요. 어떤 일을 하려면 일정 수준 이상의 기술이나 지식이 필요하기 때문에 시험을 봅니다. 그러니 그 기술이나 자격을 얻고자 공부하는 것이지요. 시험에 합격했다면 요구하는 수준에 닿았다는 것일 테고 떨어졌다면 실력이 부족하니 더 공부하라는 뜻입니다.

  이렇게 생각을 바르게 하면 사실 괴로울 일이 없습니다. 대부분 괴로움이란 시험 때문에 오는 괴로움이 아니라 내가 생각을 바르게 하지 않기 때문에 찾아옵니다. 시험에 붙으려고 하는 공부가 아니라 내가 정말 원해서 정말 필요해서 하는 공부여야 합니다. 그럴 때 공부는 그냥 억지로 의무적으로 하는 공부가 아니라 살아 있는 공부가 됩니다. 내가 인생을 살아가는 데 꼭 필요하다고 선택했기 때문입니다. 그렇게 하는 공부는 더 이상 괴로움이 아닙니다. 커피 마시는 것보다, 컴퓨터 하는 것보다, 애인을 만나는 것보다 더 재미있는 공부를 스스로 선택하세요. 그러면 공부도 효율이 오르고 스트레스도 안 받고 즐거울 겁니다.

'합격=행복'이라는
위험한 방정식

02.

올해 4년째 행정 고시를 준비한다는 청년이 찾아와 물었습니다.

"스님, 그동안 저는 2차 시험에서 아깝게 떨어진 적도 있고, 면접에서 떨어진 적도 있어요. 그러니까 더 아쉽고 미련이 남아요. 마음이 조급해져서 그러는데 어떻게 마음을 잘 다스릴 방법이 없을까요?"

세계적으로 경제가 안 좋다 보니 최근에는 취업의 문도 더없이 좁아지고 있습니다. 그 탓인지 해마다 고시는 물론 여러 가지 자격증이나 취업 시험을 준비하는 수험생도 계속 늘어나는 추세라고 합니다. 아마 이 청년처럼 더 나은 미래를 위해 몇 년째 수험 공부에 매달리는 사람이 적지 않을 겁니다.

"지금도 공부하고 있나요?"

"네, 올해도 계속하고 있습니다."

"그럼 올해까지만 하고 그만두세요."

제가 딱 잘라 말하자 청년의 표정이 굳어졌습니다. 마음을 다스릴 방법을 묻는 사람에게 올해까지만 시험을 치르고 내년부터는 포기하라니까 당황한 기색이 역력했습니다.

"행정 고시에 합격하면 직업이 안정적인가요, 불안정한가요?"

"안정적입니다."

"그럼 이익이 많다는 뜻이겠군요. 이익이 많은 걸 얻으려면 그만큼 노력이 있어야 하고, 모험이 있어야 하겠죠."

"그렇습니다."

복권을 사거나 경마장에서 마권을 사는 것에 비유해봅시다. 복권을 사는 사람은 누구나 당첨을 꿈꿉니다. 복권이 당첨되면 큰돈이 생기겠지만, 당첨될 확률보다는 떨어질 확률이 훨씬 높습니다. 행정 고시도 마찬가지입니다.

고시 공부를 처음 시작했을 때는 독하게 마음을 먹고 공부했을 겁니다. 하지만 4년째 수험 생활이 계속되면 처음의 엄격했던 마음이 사라지기 쉽습니다. 결심이야 여전하지만 머릿속이 복잡해서 집중이 안 되고 공부하기 싫으면 안 하고 남이 놀 때는 같이 놀게 됩니다.

그러니 지금 그만두는 게 나아요. 이미 아까운 시간을 4년이나 보냈는데 앞으로 더 보낼 필요가 있을까요? 그러니까 올해까지만 해보고 그만두세요. 미련을 남겨서 두 번 다시 하지 말고 올해가 마지막이라고 단단히 마음을 먹어보세요. '이게 마지막이다. 안 되면 이제 그만이다.'라고 목표를 세우고 남은 올해는 혼신의 힘을 다해 마지막으로 공부하는 겁니다. 올해만 하고 그만둔다고 마음먹으면 내 인생에서 다시 오지 않을 마지막 기회이니 온 힘을 기울여야겠지요. 그렇게 했는데도 결과가 기대와 달리 안 좋게 나왔다면 그때는 두 손 탈탈 털어버리세요.

하지만 그렇다고 절망하고 좌절에 빠지거나 패배감에 사로잡힐 필요는 없어요. 젊은 시절 내가 세운 목표를 위해 4년 동안 최선을 다했다면 그 시간은 그냥 허비한 게 아닙니다. 행정 고시 공부를 4년 동안 했다는 것도 내 인생에서 중요한 경험이 되거든요. 그렇게 결과를 좋게 받아들이고 다른 일을 시작하면 됩니다.

행정 고시나 사법 고시는 물론이고 공무원 시험이나 교사를 선발하

오늘과 내일 사이의 쉼표 23

한 번 도전할 때 온 힘을 기울이세요.
결과가 기대한 것에 미치지 못한다면
딱 한 번만 더 도전하세요.
하지만 그 이상의
무모한 도전은 낭비입니다.

는 임용 시험 등도 마찬가지입니다. 또 언론사 취업을 위한 입사 준비 시험도 '언론 고시'라고들 한다지요? 어떤 형식의 시험이든 자격을 갖춘 사람을 선발하는 시험을 준비하는 사람에게는 모두 같은 이야기를 해주고 싶습니다.

"한 번 도전할 때 온 힘을 기울이세요. 그랬는데도 결과가 기대한 것에 미치지 못한다면, 한 번의 도전으로 그만두는 게 가장 좋지만 미련이 남고 조금 아쉬우니까 두 번까지는 도전해보세요. 하지만 그 이상의 무모한 도전은 낭비입니다."

합격할 때까지 시험공부를 계속하겠다고 굳게 마음먹을 만큼 그 일은 가치가 없습니다. 해마다 새로 졸업한 졸업생을 포함해 새로운 인력이 시험 준비에 뛰어드는데 뽑는 사람은 정해져 있지요. 합격자 정원은 정해진 숫자가 줄어들면 줄어들었지 나를 위해서 늘어나지는 않습니다. 그러면 경쟁자만 늘어나니 시간이 흐를수록 합격할 가능성은 더욱 떨어집니다. 이 단계에서는 마음먹고 안 먹고의 문제가 아닙니다. 갈수록 합격이 어려워지니까 공부하는 강도가 점점 더 세져야 하는데 사람의 의지가 그렇게 강하지 못합니다. 공부라는 게 처음 마음먹음과 달리 두세 번 반복되면 매너리즘에 빠지기 쉽습니다. 의지와 마음이 달라서 아무리 결심을 해도 그게 잘 안 돼요. 그러다 보면 나도 모르게 '공부'를 직업처럼 여기게 됩니다.

자칫 잘못하면 공부가 직업이 될 가능성이 커요. 쉽게 말해서 고시 중독증이 생긴다는 말입니다. 고시 중독증은 고치기 어렵습니다. 우리가 '중독'이라는 단어를 붙이는 말이 마약이나 알코올 같은 물질만 있는 게 아닙니다. 정신적 중독도 그만큼 위험합니다. 그러니 고시 중독증이 생기기 전에 그만둬야 합니다.

시험공부를 그만둘 때는 가볍고 기쁘게 그만두세요. 청춘의 한 시절 하고 싶은 공부 실컷 해봤다, 원 없이 해봤다, 이제 다른 걸 해봐도 좋을 때다, 이렇게 '탁' 놓아버려야 해요.

시험에서 떨어졌으니 실패했다, 내 청춘만 버렸다 하면서 지나온 내 인생을 상처로 남기면 안 됩니다. 지금까지 고군분투 공부한 시간을 낭비라고 생각하지 마세요. 귀한 경험을 쌓았다고 여기고 아주 가볍게 머리의 짐을 내려놓고서 다른 일을 찾아 하면 됩니다. 세상에는 고시 말고도 내가 할 수 있는 일이 무궁무진 많으니까요.

머무르는 곳마다 주인이 되어라

03.

"그냥 재미로 그림을 그리세요."

미술을 전공하는 학생이 성공에 대한 조바심과 불쑥불쑥 찾아오는 미래에 대한 불안감을 어떻게 다스려야 할지 모르겠다며 "어떻게 그림을 그려야 성공할까요?"라고 묻는 말에 제가 한 답변입니다.

우리 사회는 '빨리빨리' 문화에 익숙합니다. 이 학생 역시 빨리 배워서 잘해야 한다는 조바심에 사로잡혀 있었습니다. '예술가로서 이렇게 살아야 한다.', '지금 하는 일은 내가 하는 미술 작업에 도움이 될 것이다.' 등과 같은 생각에 빠진 것이죠.

우리의 마음속에는 '내가 하는 일에 꼭 성공해야겠다.'라는 욕심이 숨어 있습니다. 그런데 예술에서 과연 어떤 게 성공일까요? 예술에는 성공도 실패도 없습니다. 예술은 자기가 부르고 싶은 노래를 부르든, 쓰고 싶은 글을 쓰든, 그리고 싶은 그림을 그리든 자기가 원하고 꿈꾸던 것이 그냥 자연스럽게 흘러나오는 것입니다.

세상의 잣대로는 많은 사람이 공감해주면 성공이라고 하고 공감하는 사람이 적으면 실패라고 평가하지요. 그렇지만 많은 사람이 공감했다고 그게 성공일까요? 다수의 공감을 얻은 것이니 그냥 '나와 비슷한 인간이 좀 많구나!'일 뿐이죠. 공감하는 사람이 적다면 비슷한 생각을 하는 사람이 소수일 뿐이에요. 그래서 예술에는 성공이나 실패가 없습니다.

예술가 중에는 밥만 겨우 먹을 수 있다면 내가 하고 싶은 작품만 하면서 살고 싶다는 사람이 있을 겁니다. 반대로 겨우 입에 풀칠하는 정도로는 참을 수 없다며 직장을 다니면서 틈틈이 음악을 하거나 글을 쓰거나 그림을 그리는 사람도 있겠죠. 이렇게 예술 활동과 생활 전선을 병행하면서 얻는 교훈도 있을 겁니다.

저도 젊었을 때 기존의 불교에 대한 개혁을 중요하게 생각했습니다. 어느 날은 노스님 한 분을 만나게 됐습니다. 저는 노스님께 한국

잘못했다면 사과하면 되고, 모르면 남에게 물으면 됩니다.
이런 자세로 도전하고 고치고 또 도전하고 실패하고 고치고 연구하고
또 도전하고……. 이렇게 계속하다 보면 절망하거나 실망할 틈도 없습니다.
오히려 계속되는 도전이 삶에 대해 늘 적극적인 자세를 길러주겠지요.

불교는 전부 썩어 빠졌다고 조목조목 따지며 목소리를 높였습니다. 한참 동안 제 말을 듣던 스님이 답하셨습니다.

"여보게! 어떤 사람이 마음을 청정히 하고 논두렁 아래에 앉아 있으면 그 사람이 바로 중일세. 그곳이 절이고 그게 불교라네."

그 말을 듣는 순간 제가 가지고 있던 환상이 와르르 깨졌습니다. 그때까지 저는 승려란 머리 깎고 승복을 갖춰 입은 사람이고, 절은 산속 기와집이며, 그것이 곧 불교라는 고정관념에 사로잡혀 있었던 겁니다. 불교가 아닌 것을 불교라고 착각하고는 이게 틀렸고, 이것도 문제이고, 저것도 고쳐야 한다며 주장했던 거예요. '허공의 헛꽃을 꺾으려는 것'과 같은 어리석은 행동을 한 것이었지요. 노스님의 말씀에 깨달음을 얻고 그때부터 나부터 먼저 바르게 살고 바른 불교를 해보자 마음먹고 시작한 일이 바로 정토회입니다.

물론 그동안 어려움도 적지 않았습니다. 처음 시작할 때로 거슬러 올라가보면, 10평도 안 되는 작은 사무실을 얻어 그 노스님을 모시고 개원식을 했습니다. 노스님 명성 덕분인지 첫날 30여 명이 찾아와 좁은 방을 꽉 채웠습니다. 다음 날이 되자 세 명이 남더군요. 제가 강의를 시작하니까 두 명이 가버리고 딱 한 명이 남았습니다.

단 한 명뿐이었지만 본래 계획했던 프로그램이 3개월 예정이었기에 3개월 동안 그 한 명을 100명의 청중이라고 생각하고 열심히 강의했습니다. 3개월 과정이 끝나고 다시 새로운 3개월 과정을 시작하자 그 한 명이 다섯 명을 데리고 왔어요. 그게 정토회의 시초였습니다.

다른 사람들은 지금의 정토회 모습만 보고 쉽게 금방 이룬 것처럼 생각하기 쉽지만, 그렇지 않습니다. 하지만 그런 어려운 시기가 있었기에 지금 훨씬 안정적인 기반을 만들었다는 것만은 말씀드리고 싶습니다. 만약 하루아침에 쉽게 얻었으면 그만큼 쉽게 허물어졌을 것이 분명합니다.

이처럼 '어떻게 그림을 그려야 성공할까?'라는 고민은 생각할 필요도 없는 고민이에요. 그냥 그림을 그리면 됩니다. 정말 그림이 좋다면, 그리기 아니면 나는 살 수 없다는 심정이라면, 밥 먹고 사는 일도 관심 없이 오직 낮이고 밤이고 그림에만 매달리면 됩니다. 처음에는 나만의 세계가 쉽게 만들어지지 않으니까 남의 그림을 베껴도 보고, 피카소나 이중섭 같은 유명한 작가들의 작품을 내 마음대로 섞어도 보면서 이리저리 실험을 거듭해야겠죠. 남에게 보여주거나 판매하는 그림이 아니니까 욕먹을 걱정도 할 필요 없고요.

모방은 창조의 어머니라고 하지요. 명작은 하나같이 작가들의 독특한 정신세계를 구현하고 있습니다. 이런 작품들을 모방하면서 습작기에 필요한 기술이나 안목을 배우게 됩니다. 그러다 보면 자연스럽게 어느 날 나만의 독특함이 창조적으로 튀어나옵니다.

그 원리는 이렇습니다. 한 30여 명의 작품을 복사하듯이 따라 그리다 보니 이것저것 뒤섞여버리는 겁니다. 섞다 보니 헷갈리기도 하고 뭔가 어려워져서 영 엉뚱한 게 나와버립니다. 생전 보지 못한 새로운 그림 세계가 나오는 거죠. 그게 바로 창조 아니겠어요? 이것저것 그리면서 섞게 되고 뒤섞여서 새로운 결과물이 나옵니다. 처음부터 내 마음대로 내 멋대로 하면 그 결과물은 창조가 아니라 '혼돈'이 되기 쉽습니다. 예술가를 꿈꾼다면 초창기에는 남의 작품을 모방하는 것도 결코 두려워할 이유가 없어요. 그 작품에 대한 평가는 내가 하는 게 아니라 다른 사람들이 합니다. 현재 동시대에 이뤄지기도 하고, 또 멀거나 가까운 미래에 평가되기도 합니다.

"사람들이 나를 좋게 평가하게 해주세요."

이 소원은 당연한 것 같으면서도 너무 부정적인 태도예요. 다른 사람들더러 나를 좋게 평가하라고 하는 강요이지요. 노력도 하지 않고

민주적이지도 않고 상대에 대한 존중도 없는 태도입니다.

청춘들이 흔히 저지르기 쉬운 일은 생각만 하다가 시간을 다 흘려보내는 거예요. 그래서 저는 '생각하지 마라. 행동부터 해라.'라고 권유합니다. 이리저리 도전하다 보면 때로는 틀리는 경우도 있습니다. 그러면 고치면 됩니다. 잘못했다면 사과하면 되고, 모르면 남에게 물으면 됩니다. 이런 자세로 도전하고 고치고 또 도전하고 실패하고 고치고 연구하고 또 도전하고……. 이렇게 계속하다 보면 절망하거나 실망할 틈도 없습니다. 오히려 계속되는 도전이 삶에 대해 늘 적극적인 자세를 길러주겠지요. 자기 의도와 결과가 맞아떨어지게 삶을 살려고 적극적으로 노력하면 저절로 지혜로워질 겁니다.

지금 한순간 한순간이 내 인생입니다. 이걸 떠나서 다른 내 인생은 없습니다. 내일은 내일이고, 지금 현재가 중요합니다. 그러니 현재에 집중하세요. 내 삶을 온전하게 행복하고 자유롭게 만들 책임이 우리에겐 있습니다.

저는 즉문즉설 강연을 많이 합니다. 그 강연을 듣고 제 강연이 좋다, 안 좋다 평가하는 것은 청중들의 몫입니다. 강연에 온 사람들이 듣고 좋다고 말하면 잘한 거고, 별로 안 좋았다는 말을 한다면 못한 거겠죠. 하지만 그런 평가가 나왔더라도 강연 자체가 실패라고 할 수는 없습니다. 강연에 대해 호응은 어느 부분에서 나왔고, 비평은 어느 부분에서 나왔나 참고해서 다음에는 조금 더 호응이 나오도록 개선할 수 있으니까요. 이렇게 하면 내 삶의 주인이 내가 되는 거예요.

우리가 강연에 앉아 있다고 가정하면 강연을 하는 제가 주인이고, 여러분이 객일까요? 아니면 듣는 여러분이 주인이고, 강연하는 제가 객일까요?

"아이고! 바쁜데 귀한 시간을 내서 여기 와서 이렇게 눈 초롱초롱 뜨고 열심히 제 이야기를 들어주니 감사합니다."

강연을 하는 제가 이렇게 감동하면서 더 열심히 더 재미나게 이야기를 합니다. 시간이 어떻게 흘러가는지도 모르게 열강을 하면, 그 시간은 '내'가 주인이 됩니다.

반대로 강연을 듣는 사람 쪽에서 생각해봅시다.

"스님이 평생 닦은 지혜를 내가 짧은 시간 동안 듣고 배울 수 있으니 정말 좋아요."

그러면서 '다섯 시간이고 열 시간이고 이야기해 주세요.' 하는 마음으로 앉아 있다면 이 시간은 듣는 사람이 주인입니다.

이 말은 불교 경전에도 나오는 말입니다. "수처작주 입처개진(隨處作主 立處皆眞)." 풀이하자면 "머무르는 곳마다 주인이 되어라. 지금 있는 그곳이 바로 진리의 세계이니라."라는 뜻입니다.

어떻게 하면 그림으로 성공할 수 있을까를 고민하기보다는 생각을 바꿔보세요.

"성공이요? 저는 그런 거 몰라요. 다만 저는 그림이 좋아서 그릴 뿐이에요."

지금 한순간 한순간이 내 인생입니다. 이걸 떠나서 다른 내 인생은 없습니다.
내일은 내일이고, 지금 현재가 중요합니다.
그러니 현재에 집중하세요. 내 삶을 온전하게 행복하고
자유롭게 만들 책임이 우리에겐 있습니다.

때로는 방황해도 괜찮아

04.

미래에 대한 확실한 꿈을 세웠다고 해도 때로는 내가 선택한 길에 대해 '내가 과연 옳은 길을 가고 있나?' 하는 의심이 들 때가 있습니다.

"주위 친구들도 그렇고 저도 그렇지만 사범대생들은 임용 고시 합격이 인생의 정답이고 성공이라고 생각합니다. 그런데 시험 준비를 하다 보니 문득 의문이 생겨서 고민스럽습니다."

"무슨 고민이지요?"

"제가 저 자신도 모르는데 선생님이 되어 아이들을 가르치기에는 좀 부족하지 않나 걱정스러워요. 그래서 시험공부를 그만두고 나 자신을 알아 가는 그런 공부를 시작하자고 마음먹었습니다. 교사는 어떤 모습이어야 하는지, 또 어떤 교사가 되어야 하는지요?"

신문이나 방송을 통해 보도되듯 우리나라 출생률이 현격히 줄고 있습니다. 세계 최저 수준이라고 걱정할 정도니까요. 출생률이 줄다 보니 학생들의 숫자도 해마다 줄어들고 있습니다. 이렇게 학생 수가 점점 줄어드니 앞으로는 교육대학이나 사범대학을 졸업해도 선생님으로 발령받는 일이 점점 더 어려워질 겁니다. 옛날에는 사범대학만 졸업하면 당연하게 선생님으로 일할 수 있었지만 지금은 그럴 수 없어요. 앞으로는 더 좁아지겠죠. 그렇다면 결과가 이렇게 내다보이는데 그런 좁은 틈의 미래를 위해 목매달 필요가 있을까요?

높은 경쟁률을 뚫고 사범대학에 입학해 힘들게 공부하면서 선생님을 하고자 했으니까 한 번 혹은 두 번은 임용 시험에 도전해보는 겁니다. 꿈이고 목표였으니까 1~2년 그 꿈을 이루고자 매진할 가치는 충분히 있겠죠. 하지만 알다시피 전국적으로 임용 시험 경쟁률이 엄청나게 높으니 한두 번 만에 합격하기가 쉽지 않을 겁니다. 그럴 때 5년, 10년씩 임용 시험에 매달려서 교사자격증을 딸 가치는 없습니다. 그게 아니라도 인생에서 우리가 할 일은 무궁무진하게 많습니다.

딱 한 번만 도전해보고 안 되면 깨끗하게 포기하는 것이 가장 좋다고 말하고 싶습니다. 하지만 사람의 마음으로 한 번만으로는 아쉬움이 남으니까 한 번 더 도전해보는 것도 나쁘지 않습니다. 그러나 그 이상은 도전할 가치도 필요도 없습니다.

임용 시험뿐 아니라 공무원 시험이든 사법 고시나 행정 고시든 모든 취업용 자격시험은 본질적으로 마찬가지입니다. 그런 시험제도는 모두 비슷한 속성을 지니고 있습니다. 시험을 통해 그 직업군에 필요한 재능이 얼마나 있는지를 상대평가로 뽑는 것이죠. 시험에 합격하는 재능은 인간을 평가하는 잣대가 될 수 없습니다.

시험에 도전한 첫해에 합격했다면 잘된 이야기고 더 이상 고민은 필요 없겠죠. 첫해에 합격하지 못했다면 이듬해를 생각해봅시다. 시험에서 합격으로 빠져나간 경쟁자들보다 이듬해에는 더 많은 숫자의 응시자가 채워지겠지요. 사범대학이나 교육대학은 졸업생 숫자가 일정하니까 해마다 시험에 응시하는 숫자는 그만큼 늘어나겠죠. 그러니까 산술적으로 계산하면 해마다 경쟁률이 점점 늘어나게 됩니다. 합격자의 숫자보다는 응시하는 사람의 숫자가 더 많고, 또 기존의 응시자에 졸업으로 새롭게 추가된 인원이 있으니까요. 단순하게 생각하면 첫해에 합격하지 못하면 이듬해에 합격할 확률은 오히려 첫해보다 더 줄어듭니다.

  똑같은 공부를 2년 반복했으니 합격할 확률이 더 높아지는 것 아니냐고 생각하는 사람도 있겠지요. 하지만 그렇지 않습니다. 두 번째 응시할 때는 합격할 확률이 더 떨어지고, 세 번째는 더 멀어집니다. 해가 갈수록 합격할 확률보다는 떨어질 확률이 높아집니다. 세 번째 응시 이후에 합격할 가능성은 거의 없다고 봐야 합니다. 물론 절대적인 것은 아니고 그 속에서도 합격하는 사람은 나오겠지만 말입니다. 어려운 확률에서 합격하는 사람은 더욱 특별하게 집중해서 공부했기 때문에 그런 결과를 만들어낸 겁니다.

  한두 번 도전해서 실패했으면 다른 직업이나 다른 길에 도전해보세요. 세상에는 선생님만큼 좋은 직업이 얼마든지 있으니 스물 몇 살 나이에 시험에 떨어졌다고 절망할 게 아니라 새로운 도전을 바로 시작하라는 겁니다. 비록 시험에는 떨어졌어도 꼭 선생님이 되고 싶다는 사람도 있을 겁니다. 선생님을 직업이 아니라 어릴 때부터 꿈과 목표로 삼아 살아온 사람에게는 또 다른 제안을 하고 싶습니다.

  인도나 필리핀 등의 나라에 가면 학교가 굉장히 많습니다. 우리보다 시설이나 환경은 열악하지만 배우려는 학생들의 열정이나 자세는 훨씬 뜨겁습니다. 선생님이라는 직업으로 얻는 월급봉투를 생각하지 않는다면 인도나 필리핀 같은 나라에서 선생님으로 자원봉사를 하면 됩니다. 그곳에는 복잡한 교육 환경과 빡빡한 입시 제도가 없어서 선생님이 가르치고 싶은 내용을 아이들에게 마음껏 가르치며 펼칠 수 있습니다. 정부나 교육기관에서 간섭하는 것도 없고 학부형이 찾아와 이러쿵저러쿵 참견하는 일도 없습니다. 정해진 규율에 따라 정해진 교과목을 시간에 맞춰 가르치는 것이 아니라 교사로서의 사명감으로 스스로 교과과정을 세워 거기에 맞춰 아이들을 가르치면 됩니다.

또 하나 대안 학교도 생각해볼 수 있습니다. 우리나라 대안 학교는 설립 조건도 까다롭고 학교 운영 비용도 제약이 있지요. 내가 학교를 세우는 게 아니라면 다른 사람이 설립한 대안 학교에서는 당연히 제약을 받습니다. 그런데 인도나 필리핀에서는 대안 학교를 세우는 일이 어렵지 않습니다. 정부 기관에서 비용을 주지 않을 뿐이지 학교를 세우는 데 허락을 받으라고는 하지 않습니다. 2~3년 동안 봉사하면서 '선생님'으로서 평소 꿈꿔 왔던 다양한 수업을 아이들과 함께 시도해볼 수 있습니다. 그렇게 한번 원 없이 가르치고 나면 한국으로 돌아와도 선생님에 대한 미련이 많이 남지 않을 겁니다.

기회는 얼마든지 있습니다. 내가 찾고 만들고 도전하면 됩니다.
젊다는 이유 하나만으로도 뭐든지 도전할 기회가 있습니다.
연구하고 도전하고 그에 대한 결과를 만들어 간다는 것은
성공 여부와 상관없이 그 자체만으로도 행복한 일입니다.

이런 쉬운 일을 실천하지 못하는 이유는 '돈' 때문일 것입니다. 의사든 선생님이든 예술가든 제 꿈을 실현하는 데 방해 요소는 결국 돈입니다. 그런데 돈이 목적이라면 꼭 선생님을 하지 않아도 다른 일로 얼마든지 벌 수 있어요. 한 가지 예를 들자면 우리와 가까운 중국을 한번 생각해보세요. 지금까지는 중국이 우리에게 값싼 농산물을 대거 수출하고 있습니다. 그래서 우리나라 농업이 망한다고 하지요. 그러나 정반대일 수도 있습니다. 중국의 10퍼센트 상류층에 관한 이야기를 많이 들어서 알고 있을 겁니다. 중국의 10퍼센트 고소득층이 대한민국 인구보다 더 많다는 이야기를 자주 하잖아요. 해마다 중국에서 크게 사회문제화되는 것이 바로 식품 안전성 문제예요. 가짜 달걀, 오염된 분유, 기생충 오염 채소 등이 문제가 되어 우리나라 언론에도 보도됩니다. 이렇게 믿을 수 없는 먹을거리에 대한 대안으로 중국 고소득층을 겨냥해 안전한 식품을 수출한다면 어떨까요? 전망이 있을 것 같지 않습니까?

이렇게 지금 현재가 아니라 앞으로 10년 뒤, 20년 뒤에 어떤 상황이 펼쳐질지 연구하고 행동하는 자세가 필요합니다. 지금 현재 의사나 한의사가 좋은 직업이라고 의대나 한의대에 대거 지원하고, 변호

사가 돈을 많이 번다니까 수년 동안 고시원에서 이를 악물고 고시에만 매달리는 사람들이 너무나 많습니다. 제가 학생 때는 화공학과가 가장 인기 높은 학과였어요. 하지만 지금은 그렇지 않습니다. 그러니까 지금 내가 뭘 하든지 한 10년 정도 열심히 일하고 난 뒤 10년 후에는 어떤 상황이 펼쳐질까 늘 생각할 필요가 있습니다. 그런 미래를 저절로 기다리지 말고 스스로 생각하면서 만들어야만 합니다.

안철수 교수의 사례는 널리 알려졌지요. 안철수 교수는 의사였지만 컴퓨터 바이러스 백신 프로그램 개발자가 되었죠. 컴퓨터 보안 회사를 차려서 운영하더니 어느 날 갑자기 잘나가던 회사 경영자 자리에서 스스로 물러났습니다. 그러고는 미국으로 유학 가서 경영학 공부를 시작했습니다. 지금은 대학교수로 변신해서 후학들을 가르치고 있지요.

기회는 얼마든지 있습니다. 내가 찾고 만들고 도전하면 됩니다. 젊다는 이유 하나만으로도 뭐든지 도전할 기회가 있습니다. 연구하고 도전하고 그에 대한 결과를 만들어 간다는 것은 성공 여부와 상관없이 그 자체만으로도 행복한 일입니다.

후회하지 마라, 돌아보지 마라

"올해 스물두 살의 휴학생입니다. 저는 사춘기를 지금 겪고 있는 것 같아요. 대학도 성적에 맞춰서 적당히 들어갔고, 대학 생활도 그냥저냥 하고 있어요. 안 좋은 일도 힘든 일도 많았어요."

"즐겁지도 행복하지도 않았다는 말인가요?"

"아뇨, 그건 아니에요. 즐겁고 재미있게 산 것 같은데……. 어떤 일을 성취하고서 얻는 행복이 참 짧은 것 같아요."

"그 이유가 뭘까 생각해본 적은 있나요?"

"제 생각에는 다른 사람을 따라 목표를 세우고 욕심을 부린 것 같아요. 그래서 뭔가 하나에 집중하지 못하고 옆으로 갔다가 다시 제 길로 돌아왔다가 다시 또 벗어나고 돌아오기를 반복하는 것 같습니다."

이는 타인의 시선이나 세상의 욕망에 맞춰 살다 보면 흔히 겪는 실수입니다.

흔히 좋은 인생, 나쁜 인생을 따집니다. 성공과 실패를 따지듯이 말이죠. 하지만 결론부터 말하자면 인생은 좋고 나쁜 게 따로 없어요. '남 보기에 좋아 보인다.'라는 말을 자주 합니다. 그건 그야말로 남 보기일 뿐이죠.

요즘은 오디션 프로그램이 인기가 많죠. 초등학교 어린아이부터 어른까지 모두 '스타'를 꿈꿉니다. 유명한 연예인들은 얼마나 좋을까 부러워하는 사람이 많습니다. 그런데 정작 유명한 배우나 가수 같은 연예인 중에는 힘들고 괴로워하며 죽고 싶을 만큼 절망적으로 사는 사람이 적지 않습니다. 돈도 많이 벌고, 다른 사람들이 모두 알아주는 유명 스타인데 말이지요. 인기가 많은 연예인은 사람 많은 곳에는 거의 나갈 수가 없어요. 식당이든 영화관이든 사인을 해 달라, 사진 한 장만 찍자며 옷소매를 잡아당겨 한 발짝도 움직일 수 없는 상황이 생기기도 하지요. 그러니 움직이는 게 바로 스트레스라 집 밖에 함부로 나갈 수가 없어요. 반대로 거리에 나갔을 때 그런 일이 벌어지지 않는다면 '내 인기가 이렇게 형편없구나.' 하고 좌절하면서 스트레스를 받겠지요.

남이 알아봐주지 않는 평범함도 좋은 일이에요. 아무도 알아보는 사람이 없으니 사는 게 얼마나 편합니까? 어느 구석에서 무슨 일을 해도 누가 뭐라고 할 사람도 없잖아요.

다른 사람이 한창 공부를 하거나 일을 할 때 나는 재미있게 놀겠다고 마음먹는 것도 나쁘지 않습니다. 지금 노는 게 즐겁고 재미있다면 뭐가 문제겠어요. 다만 공부할 시기에 놀아버리면 나중에 결과가 달라지겠죠. 그건 자신의 과보죠. 그런데 나중에 결과가 나오고 나서 '아, 내가 그때 왜 놀았던고!' 하면서 후회하면 그건 잘못된 것이고, 잘못된 인생이에요.

지금은 놀고 싶어서 놀았는데 나중에 결과도 좋기를 바라면 도둑놈 심보나 마찬가지죠. 그렇게 놀기만 하고 결과가 좋기를 바라면 의도와 결과가 맞지 않기 때문에 괴로움이 생깁니다. 고등학생 때 성적이 가장 크게 바뀌는 순간은 여름방학이 끝나자마자 개학하고 보는 첫 시험입니다. 여름이면 날도 덥고 방학까지 했으니까 공부하기가 싫어지죠. 그럴 때 하기 싫은 마음을 다잡고 공부한 학생은 개학 후에 성적이 크게 오릅니다. 방학 중에 잘 놀았다 싶은 학생은 성적이 크게 떨어지거나 등수가 조금 뒤로 밀리기 쉬워요. 여름방학을 제외하면 다른 시기에는 큰 변동이 없어요. 누구나 열심히 하기 때문이지요. 그런데 여름에 누구는 놀고 누구는 열심히 공부했다면 그 결과가 달라져야지 똑같으면 되겠습니까? 만약 내가 방학 때 신 나게 놀았다면 개학 후에 친구보다 성적이 떨어지는 건 당연하다고 받아들여야죠. 억울해할 일이 아닙니다.

사회에서도 마찬가지입니다. 젊은 시절 공부 대신 노는 걸 선택했습니다. 몇 년 뒤 취업해서 직장에서 월급을 받을 때 열심히 공부했던 사람이 300만 원을 받을 때 나는 100만 원을 받습니다. 그럴 때 나는 돈을 조금 덜 받아도 괜찮다고 생각해야 합니다. '젊을 때 다른 사람이 하지 못한 놀이를 나는 전부 다 해봤는데 그 경험을 어떻게 돈으로 환산하겠어? 저 사람은 지금 300만 원을 벌고 나는 100만 원을 벌지만 나는 그때 실컷 놀았으니 괜찮아.' 이런 마음이라면 자기 삶에 대해 긍정적이라고 할 수 있습니다.

이렇게 노는 것도 낭비적으로 시간을 소모하며 노는 게 아니라 내가 행위의 주체가 되어야 합니다. 그러면 노는 것도 그냥 노는 게 아니라 놀이가 되고 공부가 됩니다. 놀더라도 생산적으로 공부하듯이 놀아야 합니다.

신기하게도 저는 몸이 아프다가도 강연만 하면 병이 싹 나아버립니다. 왜냐하면 강연 시간이 전부 저에겐 놀이요, 공부거든요. 청춘들을 만나서 그들의 고뇌를 듣고 그들에게 제 경험을 이야기해줄 수 있으니 좋습니다. 청춘들을 만나면서 제가 배우는 것도 많습니다. 저로서는 생각하지 못했던 여러 가지 고민을 들으며 나와 다른 세대의 고민을 알게 되고 결국 '인간'을 깊이 이해할 수 있는 기회를 얻게 됩니다. 여러분을 만나면서 사랑에 실패한 사람, 사랑을 찾는 사람, 연인과 갈등하는 사람, 결혼 생활 문제로 고민하는 사람, 결혼하지 못해서 고민인 사람, 사업에 실패해서 고민인 사람 등등 수십 수백 명의 온갖 인생 이야기를 들으며 사람에 대한 이해의 폭이 넓어졌습니다. 그래서 강연 시간도 저에게는 공부 중이라는 거죠. 가르치면서 공부하고 얻으니 얼마나 좋습니까.

결과를 위해 지금 힘겨움과 싸우는 것도, 나중에 안 좋은 결과를 맞이할지라도 지금 즐겁게 인생을 즐기는 것도 전부 자신의 선택입니다. 내가 선택했으면 그 결과에 대해 후회하지 마세요. 후회가 곧 내 인생을 실패로 만드는 겁니다. 설령 안 좋은 결과가 예측되더라도 미리 알아버리면 긍정적으로 받아들일 수 있습니다. 봄에 새잎이 돋을 때부터 이미 가을 되면 잎이 떨어질 것을 예측해야 합니다. 봄에 새잎을 보면서 그냥 감탄만 하면 가을에 낙엽이 질 때 눈물이 나는 겁니다. 새잎이 날 때부터 이미 낙엽을 예측했다면 눈물 흘릴 일이 없겠죠.

한용운 스님의 시 〈님의 침묵〉 중에 "우리는 만날 때에 떠날 것을 염려하는 것과 같이, 떠날 때에 다시 만날 것을 믿습니다."라는 구절이 있습니다. 이해하기 쉽게 연애에 비유해서 말하자면 만날 때는 헤어질 것을 보고, 헤어질 때는 또다시 만날 것을 본다는 얘기입니다. 지금 현재만 바라보는 것이 아니라 결과를 먼저 예측하고 그에 준비하는 자세가 필요하다는 거예요.

결과를 예측할 수 있으면 내가 결과를 바꿀 수도 있습니다. 미리 준비할 시간이 충분하니까요.

❝
실패가 좌절과 절망이 되는 것은
욕심 때문입니다.
욕심을 버리면 세상의 모든 실패는
다만 경험을 쌓는 연습일 뿐이고,
무수히 반복되는 연습은
결국 성공의 어머니가 됩니다. ❞

두 번 째 이 야 기

달콤한 연애와 쌉쌀한 이별

누군가 곁에 있어도
나는 외롭다

01.

"대학에 들어와서 연애를 시작했습니다. 힘들 때 혼자 견디려고 노력하기보다는 옆에 있는 사람을 찾으려고 합니다. 그래서 힘들 때 기댈 사람을 찾는 게 아닌가 하는 의심이 들어요. 나 자신을 바꾸기 위해서 남에게 기대지 말고 스스로 노력해야지 생각하지만, 마음먹은 대로 안 돼요. 옆에 사람이 없어도 혼자 잘 살고 싶은데 어떻게 해야 할까요?"

인간은 반쪽이라고 말합니다. 결혼을 통해 반쪽 두 개가 합쳐지고 온 쪽이 된다고 하지요. 그런데 반쪽과 반쪽 두 개를 합치면 가운데 금이 있습니다. 그래서 모양은 온 쪽처럼 보여도 영원히 반쪽입니다.

그러다가 한쪽이 떨어져 나가면 다시 반쪽이 되죠. 즉 완전한 행복, 완전한 자유에는 이를 수 없다는 말입니다.

내가 완전해야 합니다. 내가 온달이 돼야 한다는 말이에요. 내 온달과 상대 온달이 만나 두 개가 합쳐지면 가운데 금이 없는 하나가 됩니다. 이 하나는 한쪽이 없어지더라도 온달로 남습니다. 그래서 항상 스스로 서야 합니다. 스스로 서면 상대가 필요 없느냐? 그렇지 않습니다. 내가 부족하다고 해서 상대를 필요로 하면 자꾸 기대감이 생깁니다. 그러므로 부족하다는 이유로 상대를 필요로 하면 안 됩니다.

내가 온전한 상태에서 상대와 관계를 맺어야만 나도 상대에게 도움을 줄 수 있습니다. 내가 완전하기 때문에 상대에게 기대는 것이 없고 상대를 이해하고 도움을 주는 사람이 됩니다. 내가 반쪽일 때는 상대가 나를 도와주기 때문에 기대하게 됩니다. 하지만 나중에 살아보면 기대만큼 실망하기 쉽습니다. 그 실망은 오히려 자신을 고통 속에 빠뜨리게 하죠.

힘들 때마다 곁에 있는 누군가를 찾는 마음으로 연애하면 몇 가지 함정에 빠지기 쉬워요. 내가 힘들 때 옆에서 도와주는 상대를 원할 경우 나보다 나이 많은 사람을 만날 확률이 높아집니다. 의지가 될 만한 상대를 찾으려는 사람은 연상의 상대나 나이가 비슷하더라도 의젓한 상대에게 매력을 느끼고 호감을 품습니다. 경제적으로 내가 어려움을 겪을 때 도움을 주는 상대는 연상이기 쉽죠. 비슷한 연배와는 심하게 다툴 문제도 연상의 상대와는 부드럽게 넘어갈 수 있습니다. 내가 기분이 상해서 함부로 행동해도 상대가 여유롭게 품어주는 것이죠.

반대로 두 사람 사이에서 생길 수 있는 갈등 요소도 있습니다. 나는 나를 잘 보살펴주는 상대에게 호감을 느끼고 좋아했는데, 상대는 그냥 힘들어 보이니까 도와주기만 했을 뿐 연애 상대로 생각하지 않을 수가 있죠.

나보다 의젓한 사람과 만나 결혼하면 평생 의지하는 장점도 있지만 다른 한편으로는 상하 관계가 성립되기 쉽습니다. 부부는 수평 관계가 좋은데 나이 차이가 크거나 한쪽이 의지하는 관계는 상하 위계질서가 생깁니다. 이런 경우 연상의 남자는 연하의 부인 말을 귀담아듣지 않는 경우가 많죠. 나를 돌봐주지만 서로 소통하는 진정한 대화는 이뤄지지 않기 쉬워요.

어릴 때는 보살펴주는 손길에 애정을 느끼며 사귀지만 나이가 들고 성숙하면 서로 대화를 하고 싶은데 동반자적 관계가 이뤄지지 않아 실망하기 쉽습니다. 이런 남자를 선택할 때는 남편이 뭐라고 하든지 그저 "예." 하고 대답하며 살겠다는 각오를 미리 해야 합니다. 남편인 동시에 아버지처럼 생각하는 겁니다. 평생 함께 사는 친구 같은 관계는 포기해야 해요. 처음부터 이런 점을 알면서 의지가 되고 힘이 되니까 선택해놓고 나중에 친구가 되길 원하면 서로 갈등만 생기고 다툼만 생겨요.

서로 완전한 사람끼리 만나면 관계가 훨씬 부드러워집니다. 결혼이 서로를 속박하는 구속이 아니라 더 자유로울 수 있는 협력 관계이기 때문이죠.

지금 우리의 결혼 생활은 서로를 자꾸만 속박해요. 결혼 생활 때문에 하고 싶은 것도, 정의로운 활동도, 수행도 못 하는 일이 생깁니다. 결혼 생활의 출발이 잘못됐기 때문에 한평생 서로 속박당하며 사는 거예요. 속박당하니 집을 뛰쳐나가 탈출하고 싶어하죠.

지금 외롭다는 이유로 누군가를 만나고 그 사람과 같이 살게 되었을 때는 속박을 느끼고 상대를 귀찮아하기까지 합니다. 갈등이 깊어지면 헤어지고 싶어하고요. 사람의 마음이 간사해서 같이 사는 게 귀찮아서 헤어지면 다시 또 외로워합니다. 그럼 또 사람을 찾고, 함께 살면 또 귀찮아지고……. 이렇게 계속 방황합니다.

우리 마음이 이렇게 작용한다는 사실을 미리 알아야 해요. 그래서 잘했다 잘못했다 따지는 것이 아니라 마음이 작용하는 성질을 알고 미리 대응하는 것이 좋습니다.

"스님 말씀대로 내 옆에 누가 있든 없든 스스로 행복해져야 한다고 생각하면서도 다른 한편으로 기대고 싶은 마음이 생겨요."

기대고 싶은 마음이 일어나는 건 내 카르마이기 때문에 어쩔 수 없어요. 다만 기대고 싶은 마음에 사로잡히면 안 됩니다. 기대고 싶은 마음은 무의식적으로 일어나기 때문에 내가 이래라저래라 한다고 되는 게 아니에요. 그러나 이런 마음을 따라가면 결국 나를 속박하게 됩니다. 의지하고 싶은 마음을 따라갈 때는 내가 속박받을 것을 각오해야 합니다. 그런데 사람은 속박을 받으면 반대로 자유를 원합니다.

어떤 선택을 할 때 '이 선택을 하면 앞으로 이런 일이 있을 것'이라고 예견하는 것을 불교식으로는 '내가 과보(果報)를 받는다.'라고 합니다.

그러므로 내가 생각을 바꾸어서 속박받는 게 뭐가 나쁜가 하고 마음먹는 겁니다. 남편한테 속박받는 것도 좋은 일이니 '결혼하면 평생 속박받고 살아야지.'라고 생각하는 거예요. 그러면 속박이 아니라 보호처가 되는 것이지요.

   집을 예로 들면, 집은 우리를 안온하게 보듬어주고 편안하게 보호해줍니다. 반대로 단점은 일종의 감옥이라고 할 수 있습니다. 고향 역시 보호해주는 대신에 감옥이에요. 부모님도 나를 보살펴주는 대신에 잔소리꾼이고 나를 속박하는 존재죠.

   감옥이 싫어서 집을 뛰쳐나가면 나그네가 됩니다. 속박하는 사람 없이 자유롭지만 나그네로 살다 보면 외로움을 느낍니다. 그러면 떠났던 고향을 다시 찾아갑니다. 고향에 가면 부모, 형제, 일가친척, 동창이나 소꿉친구, 동네 사람 등의 눈치를 살펴야 하죠. 그게 싫으면 또 뛰쳐나가죠. 뛰쳐나가면 나그네니까 외로워서 또 돌아갑니다.

   이렇게 우리 인생은 방황의 연속입니다. 혼자 있으면 외롭고, 둘이 있으면 귀찮고, 이래도 문제, 저래도 문제예요. 해결 방법은 혼자 있어도 외롭지 않아야 하고, 둘이 있어도 귀찮지 않아야 합니다. 내가 스스로 온전한 사람이 되면 혼자 있어도 외롭지 않고, 둘이 있어도 귀찮지 않습니다. 둘이 있는데도 귀찮게 느끼지 않는 이유는 상대에게 바라는 게 없기 때문입니다. 혼자 있어도 외롭지 않다는 것은 누구한테도 바라는 것 없이 내 스스로 부족함이 없다는 뜻입니다.

"혼자 있어도 부족함이 없으니까 앞으로 저는 혼자 살면 됩니까?"

혼자 살아도 되고, 같이 살아도 됩니다. 자유롭게 선택하세요. 지금 우리는 혼자 살아도 되고 둘이 살아도 되는 상수가 아니라 혼자 살거나 같이 살거나 둘 중의 하나를 하는 중간수를 선택하거나 혼자도 못 살고 둘이도 못 사는 하수를 선택하는 경우가 대부분이에요.

내가 만약 다른 사람에게 기대는 성격이라면 앞으로 내가 약간 속박받는 것을 자초한다고 생각하세요. 힘들 때마다 곁에 있는 누군가에게 의지하는 사람이라면 더욱 그렇습니다. 만약 이런 나의 카르마대로 살지 않겠다고 생각하면 변해야 합니다.

내가 외로울수록 사람을 만나서 문제를 해결하려 하지 마세요. 외로움은 내가 마음을 닫을 때 찾아옵니다. 상대가 없어서 외로워지는 게 아니에요. 그걸 알아차려서 스스로 외로움에서 벗어나면 외롭다는 이유로 사람을 구하지 않게 됩니다. 나에게 돈이 없으니 돈 있는 남자를 구하고, 내가 외로우니 위로해줄 사람을 구하는 것은 이기심입니다. 이기적인 이유로 상대와 만나면 반드시 과보를 받게 됩니다. 과보를 각오해야 하는데, 과보가 따르는 줄 모르는 것이 어리석은 사람의 인생살이입니다.

내가 상대를 이리저리 따져보고 조건이 마음에 들어서 결혼했다면, 상대도 내가 상대를 보는 만큼 나를 봅니다. 남자를 사귀면서 이 사람이 앞으로 장래성이 있을까, 건강은 괜찮을까, 다른 여자한테 눈 돌리지 않고 나만 바라볼까 하고 따집니다. 입으로는 상대에게 좋아한다고 말하면서도 이런 계산을 속으로 헤아립니다.

상대도 그와 비슷한 계산을 당연히 하겠죠. 내 기대가 있으면 상대도 똑같은 기대가 있습니다. 결혼해서 살다 보면 내가 품었던 기대가 무너지듯이 상대방이 지녔던 기대도 무너집니다. 한쪽만 그런 게 아니라 양쪽이 똑같습니다. 상대에 대해서는 이해하고 내 기대는 버려야 합니다. 상대가 품은 나에 대한 기대를 이해하고 상대가 실망할 때도 실망할 만하다는 것을 내가 인정하고 받아들이는 것이 좋습니다. 또 상대에게 실망할 때도 상대의 문제만이 아니라 내 기대가 높았다는 것을 자각하면 문제 해결이 쉽습니다.

자꾸 상대에게 기대려는 내 마음을 다잡기 위해서는 스스로 정진할 필요가 있습니다. '좋은 남자 만나게 해주세요.' 하는 기도가 아니라 자기 정진을 해 나가면 스스로 서는 힘이 생깁니다.

사람 연습, 사랑 예습

02.

"대학 시절에 한 번쯤 눈물 나는 연애 경험도 있어야 하는데 저는 아직 그런 일이 없어요. 대학교 3학년이라는 나이가 주는 중압감 탓 같아요. 졸업하기 전에 기필코 한 번은 연애를 해야겠다고 마음먹지만 한쪽에서는 지금은 그런 문제에 신경을 쓸 때가 아니라는 생각이 떠올라요."

"대학생 때 연애를 꼭 해야 한다는 법칙이 있어요? 봉사 활동도 해보고, 전국 일주 여행도 좋고, 해볼 일이 수없이 많잖아요."

"그런 일은 다 해봤는데 아직 연애만 못 해봤어요."

왜 사람을 사귀기보다 먼저 연애할 생각만 할까요? 연애보다는 먼저 사람을 사귀어야죠. 사람을 사귀는 동안 연애 감정이 생기면 그때부터 연애가 시작되는 것입니다. 물론 그중에는 나는 좋아하는 감정이 생겼는데 상대는 아닌 때도 있고, 반대의 경우도 있을 겁니다. 그런 시행착오를 거듭하면서 앞으로 나가야 합니다. '연애 한번 못 해봤으니 나는 무조건 연애를 할 거야.' 처음부터 이렇게 마음먹는다면 목적의식만 앞선 겁니다.

사람과 사람이 만나면 서로 존중하면서 인간관계를 맺는 것이 자연스럽습니다. '너를 애인으로 만들 거야.' 하는 마음으로 접근한다면 상상만으로도 험악하지 않습니까? 사람을 하나의 생명 존재로 인식하기보다는 자기의 목적을 달성하는 일종의 수단으로 보는 것과 다르지 않습니다.

처음의 만남은 연애해야 한다는 목적보다 사람을 알고 싶다는 마음으로 시작하세요. 남자라면 여자가, 여자라면 남자가 어떤 마음으로 살아가는지, 무엇을 중요하게 생각하는지, 생활 습관이나 가치관은 왜 다른지 조금씩 배우게 될 겁니다. 조금씩 인간관계를 늘려 가다 보면 나와 취향이 비슷해서 대화가 잘 통하는 사람이 생기겠죠. 그러면서 연애 감정이 생길 수도 있고요. 더욱 발전해 같이 살고 싶다는 마음이 들면 결혼까지 단계가 성숙하게 됩니다. 이렇게 마음을 열어놓고 살아야 해요.

인간관계도 사랑도 연습이 필요합니다. 운동을 예로 들면, 운동장에 가서 파트너를 만들어 뛰어보는 겁니다. 골대를 향해 공도 던지면서 안 들어가면 안 들어가는 대로 들어가면 들어가는 대로 연습하는 거죠. 자꾸 되풀이하다 보면 기술을 터득하면서 성공 확률도 높아질 겁니다.

사랑을 앞에 두고 망설이는 이유는 결과를 먼저 생각하기 때문이고, 그 결과에 대한 책임을 회피하려는 마음 때문입니다. 사람을 사귀기를 두려워하지 마세요. 괜찮은 사람이라는 호감이 생기면 먼저 말을 건네세요. 상대가 먼저 말을 걸면 흔쾌히 대답해주는 겁니다.

사람 중에는 누가 먼저 말을 걸면 대답하는데 내가 먼저 말을 걸지 못하는 사람이 있습니다. 소심한 성격이라는 사람들은 목구멍까지 간질간질 나올 것 같은데 죽어도 입 밖으로 말이 안 나온다고 호소합니다. 그럴 때는 무조건 연습만이 살길입니다. 상대에게 먼저 말을 걸고 대화하는 연습을 반복하는 겁니다. 처음에는 힘들겠지만 서너 번 반복하면 별로 어려운 일처럼 느껴지지 않을 거예요.

이렇게 소심해서 의사 표현을 제대로 못 하는 사람이 술을 마시면 취해서 다음 날 기억도 못 할 사랑 고백을 펼치기 쉬워요. 말짱한 정신으로는 하지 못했지만 술기운에 말이 술술 풀리거든요. 평소에는 말이 없고 조용하던 사람이 술을 마신 뒤 그동안 참았던 이야기를 폭발하듯 늘어놓으면, 딱 알아차리세요. 평소 가슴에 숨겨놓았던 말들이 얼마나 많겠어요. 그 말들이 술의 힘을 빌려서 나오다 보니 반복은 필수고 무한정 늘어지게 많아진다는 것을요.

이런 습관이 있는 사람이라면 술의 힘을 빌리지 않고 내 마음을 표현할 수 있도록 말문을 열어두는 연습을 하세요. 평소 입을 꽉 다문 듯 조용한 사람을 착하다고들 평가하죠. 이렇게 말수가 적은 사람일수록 머릿속 생각은 더 많습니다. 조잘조잘 수다스럽게 떠드는 사람은 오히려 생각이 적은 사람이죠. 평소 말이 없는 사람일수록 순간 돌출적으로 행동합니다. 감정이 억압되어 있다가 한순간 터지기 때문이죠.

평상시 우울해하며 주로 혼자 지내는 사람일수록 자꾸 밖으로 나오려고 노력해야 해요. 사람들과 관계를 맺고 대화를 나누면서 자신의 업(業), 카르마를 변화시켜야 해요. 우리의 삶에서 긍정적인 사고는 좋

왜 사람을 사귀기보다 먼저 연애할 생각만 할까요?
연애보다는 먼저 사람을 사귀어야죠.
사람을 사귀는 동안 연애 감정이 생기면
그때부터 연애가 시작되는 것입니다.

은 방향을 제시해줍니다. 팔이나 다리가 불편하다거나 눈이 안 보인다고 절망하는 사람이 있습니다. 물론 신체적인 장애는 있지만 그렇다고 해도 살아가는 데는 지장이 없어요. 다만 불편할 뿐이죠. 하지만 정신적으로 움츠러드는 질병은 육체적인 장애보다 치유하기 더 어려워요.

내 인생은 항상 나만의 것입니다. 남자 친구가 배신하고 떠났다고 내 인생이 남자 친구의 것이 되지는 않습니다. 안 좋은 상황에서도 내가 긍정적인 요소를 찾으면 상처나 고통은 더 이상 상처나 고통이 아닙니다.

연애하다가 헤어졌을 때 상대가 나를 배신했다는 말은 하지 마세요. 인간은 서로 사귀다가 그 관계를 그만둘 수도 있어요. 너를 좋아하는 마음은 내 자유지만 네가 나를 좋아하는 건 너의 자유잖아요. 여기에 손익을 따지니까 내가 이렇게 해줬는데, 너는 요만큼만 해줬다는 계산이 자꾸 튀어나옵니다. 그러고는 나를 배신했다, 어떻게 그럴 수가 있느냐며 분노합니다. 그러면 그럴수록 나만 불행해지고 내 삶만 파괴됩니다. 이 파괴는 배신한 상대가 아니라 내가 스스로 만들어 낸 겁니다.

사랑을 계산하지 마세요. 헤어지는 경험이 없는 사랑은 없습니다. 이별을 맞닥뜨렸을 때 '당신과 만나서 그동안 즐거웠다. 덕분에 사람의 심리가 어떻게 변하는지 배웠어.'라고 긍정적으로 받아들이세요. 그러면 결국 내 삶이 아름다워집니다. 똑같은 상황에서도 나를 긍정적으로 전환시키는 힘, 그것이 내 인생에서 주인으로 살아가는 법입니다.

'방황해도 괜찮아, 실패해도 괜찮아, 틀려도 괜찮아, 몰라도 괜찮아. 틀리면 고치면 되고 모르면 물어서 배우면 돼.' 이렇게 생각하면 발걸음도 가볍게 앞으로 나가게 됩니다. 넘어졌을 때도 연습할 기회가 많아진다고 여기세요.

헤어지자는 말도 내가 먼저 상대에게 해줘야 속 시원해합니다. 상대가 이별의 말을 먼저 하면 내가 바보같이 당했다고 생각하죠. 하지만 그렇지 않습니다. 상대가 먼저 이별을 고하고 떠나도 내 마음만 다스리면 아무런 문제가 없습니다. 도덕적으로 죄의식을 느낄 필요도 없어요. 내가 먼저 이별의 말을 해버리면 상대에게 고통을 준 죄를 해결할 방법이 없어서 모두 빚으로 남습니다. 상대가 먼저 헤어지자고 말하는 것도 고맙다고 생각해야 해요.

인생을 내가 주인이 돼서 살면 골치 아프게 이런 문제를 내가 자꾸 선도해서 할 필요가 없어요. 좋아하는 거는 내가 선도해서 해도 아무 문제가 안 됩니다. 산을 좋아하면 산이 좋아요, 내가 좋아요? 내가 좋지요. 바다를 좋아하면 바다가 좋아요, 내가 좋아요? 역시 바다를 좋아하는 내가 좋습니다. 상대를 좋아하면 내가 좋아요. 내가 너를 좋아하면 네가 좋은 게 아니라 '내'가 좋아요.

성인 말씀 중에 "내가 행복해지려면 사랑받으려 하지 말고 사랑하라. 이해받으려 하지 말고 이해하라. 도움받으려 하지 말고 도움을 주라."라는 말이 있습니다. 남을 위해서 나를 희생하라는 말이 아니라 그럴 때 내가 행복해진다는 뜻입니다. 예수님과 부처님의 가르침을 따르는 일은 나를 행복하게 하는 일이고, 나를 주인으로 서게 하는 가장 쉬운 길이에요.

연애의 기술, 마음의 속설

03.

"연애를 '밀당'의 기술이라고 하는데 저는 그게 잘 안 돼요."

사랑만큼 쉬운 일도 없지만, 또 사랑만큼 어려운 일도 없습니다. 청춘들의 사연 중에서 연애나 사랑에 관한 고민은 단연 1순위입니다. 그만큼 어렵고 힘들다는 것이죠.

"소개팅을 나가서 여자가 먼저 적극적으로 대시하면 남자들이 도망을 간대요. 무서워서요. 그런데 사나흘만 여유를 두고 기다리면 대부분 남자가 먼저 연락을 한대요. 이렇게 '밀당'을 잘해야 한다는데 저는 아무리 마음을 먹어도 남자가 연락해 오기만을 기다리는 게 안 돼요."

소개팅을 하고 나서 며칠의 시간 공백을 못 참고 바로 남자의 마음을 확인하고야 만다는 이 여자분은 그 덕분에 연애 실패를 꽤나 맛보았답니다.

"당신이 마음에 든다며 내 마음을 보여주고 상대의 마음도 확인하고 싶은데, 남자들은 다른가요? 친구들은 저더러 연애 문제에 영악하지 못하고 바보 같다고 말해요. 그래서는 될 일도 안 된다면서 말이에요. 이런 저의 저돌적인 성격을 고쳐야 할까요?"

"결론부터 말하자면, 그냥 생긴 대로 사세요."

옛날부터 우리 사회는 남녀 차별이 심합니다. 남자는 이래야 하고, 여자는 이래야 한다는 고정관념이 알게 모르게 우리의 의식 속에 자리 잡고 있습니다. 그중에는 여자는 다소곳하고 소극적인 태도가 좋다는 의식이 있죠. 여자는 얌전하게 하고 싶은 말이 있더라도 참으면서 남자가 먼저 행동을 하면 그제야 못 이기는 척 따라가야 한다는 생각 말이에요.

그런데 지금도 이런 생각을 하는 사람이 있습니까? 이런 생각은 그야말로 옛날 버전이에요. 자칫하면 조선 시대 사고방식처럼 구태의연하다고 놀림당합니다. 다른 분야에서 이렇게 살면 '수동형'이라고 평가받기 쉬워요. 지금은 시대가 완전히 달라졌습니다. 남녀가 평등한 시대에 살면서도 이렇게 우리 마음속에는 여전히 고정관념이 남아 있습니다. 이런 것을 불교에서는 '업(業), 카르마'라고 합니다.

분명히 세상이 변했는데도 여전히 우리의 무의식 속에 남성은 적극적이고 여성은 소극적이어야 한다는 전통적 가치관이 남아 있습니다. 지금의 청춘들은 학교에서 그렇게 배우지 않았지만 집에서 아버지와 어머니가 보여주는 생활상에서 나도 모르게 보고 배운 거겠죠. 과거 부모님 세대는 물론 그 위로 거슬러 올라가면 남녀 차별 의식이 더욱 심각했습니다.

연애를 고전 방식대로 하려고 하면 머리와 가슴이 다른 이야기를 하게 됩니다. 요즘 현대식 버전으로 하면 내 성격에 따라 내 스타일대로 행동하는 게 맞아요. 먼저 연락하고 싶은데 연애의 기술을 동원한다고 마음을 숨기고 연락 오기만 기다리면 얼마나 답답하겠어요?

사랑을 계산하지 마세요. 사랑을 계산하면 그것은 장사지 사랑이 아닙니다. 새로 만난 상대에게 먼저 전화를 할까, 말까. 내가 먼저 연락하는 건 자존심이 상하니까 연락이 오도록 참고 기다리자. 내가 두 번이나 전화를 했는데 답신은 한 번밖에 안 해? 이런 마음이 모두 계산입니다. 조금 참고 기다리면 연락이 올 텐데 먼저 연락하는 건 내가 굽히고 들어가는 것 같아서 싫다는 옹졸함이죠.

　사랑에 계산은 필요치 않습니다. 그냥 좋으면 좋다고 표현하세요. 처음 만난 상대가 내 마음에 꼭 드는데 언제 올지도 모르는 연락을 기다리는 것보다는 이튿날 내가 먼저 연락하는 편이 쉽고 빠르게 사랑을 일구어냅니다. 먼저 연락한다고 내가 크게 손해 볼 일은 하나도 없습니다.

　개중에는 내가 적극적으로 먼저 다가가니까 놀라서 도망가는 남자도 있을 겁니다. 그런 남자는 처음에는 괜찮다가도 어차피 나중에 떨어져 나갈 거예요. 그러니 조금 미리 떨어져 나가는 거라고 생각하세요. 이런 남자와 연애하다가 갈등이 생기면 백발백중 그 고비를 넘기지 못하고 헤어지기 쉬워요. 공연히 밀고 당기기를 하다가 아까운 시간만 낭비하게 되죠. 결국 나중에는 성격을 알게 될 텐데, 내 성격이 전부 드러나면 그때 남자가 도망가지 않겠어요?

　한 가지 더, 무작정 마음 가는 대로 사랑에 빠졌다가 그 사람과 헤어진다고 그것이 사랑의 실패일까요? 서로 전혀 모르던 남녀가 만났는데 영원히 헤어지지 않고 관계가 유지되면 성공이고, 중간에 헤어지면 실패인가요?

이것은 마치 사람이 늙도록 오래 살면 성공이고, 빨리 죽으면 실패한 인생이라는 말이나 똑같은 소리예요. 예수님은 진리를 설파하시고 3년 만에 돌아가셨습니다. 그때 나이가 고작 삼십 대 초반이었습니다. 그런 예수님의 삶이 성공입니까, 실패입니까? 누구보다 성공한 인생이라고 말할 수 있겠죠.

'사랑을 어디까지 지속해야 성공이다.'라는 말은 없습니다. 내 마음이 끌리고 좋으면 그게 바로 성공입니다. 사랑에 실패하는 이유는 '내가 좋아한 만큼 너도 나를 좋아해야 해.'라고 장사꾼처럼 계산하고 대가를 구하기 때문입니다. 계산을 해보니 내 마음이 상대에게 간 만큼 되돌아오지 않았다며 그가 나를 배신했다고 말하는 것이죠.

계산은 사랑이 아닙니다. 불필요한 계산을 하기 때문에 실패가 따르지, 사랑 그 자체에는 실패가 없어요. 누군가를 좋아하면 내 마음도 행복해지고 평안을 느끼지 않습니까. 사랑에 빠지면 행복해지는 사람은 내 사랑을 받는 상대가 아니라 결국 나 자신입니다.

세상의 모든 사랑은 전부 성공입니다. 사랑에는 오직 성공만 있을 뿐입니다.

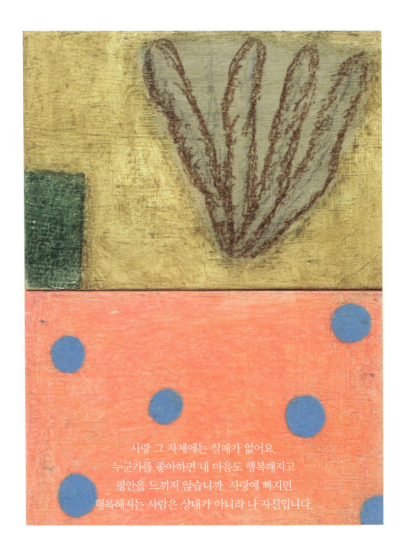

사랑 그 자체에는 실패가 없어요.
누군가를 좋아하면 내 마음도 행복해지고
평안을 느끼지 않습니까. 사랑에 빠지면
행복해지는 사람은 상대가 아니라 나 자신입니다.

사랑은
'1+1=2'가 아니야

"얼마 전에 여자 친구와 헤어지고 왜 우리가 헤어지게 되었을까 생각해봤습니다. 스님이 쓰신 책을 읽다가 '사랑도 욕심이다.'라고 하신 구절이 가슴에 와 닿았어요."

처음에는 예쁘고 성격도 좋은 상대방을 만나 마음이 두근두근합니다. 그 마음으로 상대를 내 인연이라고 믿고 가까워지고자 노력하죠. 어떤 연인이든 시작 단계에서는 깨가 쏟아질 듯 다정합니다. 그러다가 시간이 지나면서 나와 다른 상대의 모습을 발견하고는 실망하고 애정도 식어 갑니다.

"스님은 자신의 마음을 갈고닦으면 길을 지나가는 아무나 붙잡고 결혼을 해도 괜찮다고 말씀하셨는데, 그렇다고 정말 아무나 사귈 수는 없잖아요?"

사람과 사람의 만남이 곧 인간관계입니다. 인간관계에는 부모와 자식 사이도 있고, 남녀가 만나 사랑하는 연인관계도 있습니다. 친구끼리의 인간관계도 있고, 직장 동료나 업무상으로 만나는 사회관계도 있습니다.

일반적으로 모든 인간관계는 그 관계를 통해서 이익을 추구하려는 속성이 있습니다. 다른 사람과의 관계에서 내가 손해를 보지 않으려고 합니다. 인간관계 중에서 손익을 계산하지 않는 관계는 부모와 자식 관계가 있습니다. 부모는 자식을 키우면서 '이 아이를 키우는 게 내게 손해일까, 이익일까?' 하고 계산하지 않습니다.

또한 어릴 때부터 함께 어울리며 자란 소꿉친구도 계산 없이 만나는 인간관계죠. 어려서는 이해타산을 하지 않죠. 그래서 그때 만난 친구들과는 성인이 되어서도 야박한 계산을 하지 않습니다. 덕분에 서로 솔직 담백한 관계가 유지됩니다. 오래 사귄 절친한 친구 사이도 이해타산의 계산을 덜 하는 편이죠. 이런 인간관계는 갈등이 생겨도 금방 회복하고 관계가 오래갑니다.

반대로 이해관계가 극심한 인간관계는 무엇일까요? 사람 사이에서 욕심이 가장 많이 작용하는 인간관계가 바로 결혼으로 맺어지는 부부 사이입니다. 그다음이 연애입니다. 남녀가 상대를 처음 소개받을 때면 흔히 묻지 않습니까? 몇 살이냐, 학교는 어디냐, 전공은 뭐냐, 집은 어느 동네냐며 나이, 학벌, 경제력, 집안 환경, 미모 등등 이상형의 조건을 따집니다.

우리는 부부나 연인에게 사랑이란 단어를 붙이는데 실제로 분석해보면 그 관계에 욕심이 가장 많습니다. 부모와 자식 사이는 아무리 갈등이 생겨도 서로 원수가 될 확률은 낮습니다. 어릴 때부터 알고 지낸 소꿉친구와도 원수로 변할 확률은 매우 낮습니다.

하지만 부부는 어떻습니까? 같은 집에서 같은 이불을 덮고 살던 부부가 이혼을 하면 그 둘은 다시는 돌이킬 수 없는 원수지간으로 변합니다. 처음 만났을 때는 고귀한 사랑이라 하지만 뒤돌아서는 순간 내 인생 최악의 원수로 변하는 것입니다. 부부가 이혼하면 그 과정에서 자녀들이 크게 상처를 받습니다. 한 사람은 어머니이고 한 사람은 아버지인데 둘이 갑자기 원수로 변하니 그 속에서 아이들은 혼란스러울 수밖에요.

왜 한때는 둘도 없이 사랑했던 남녀가 헤어질 때는 원수가 될까요? '사랑'했던 것만 생각하면 헤어져도 이 세상 누구보다 더 좋은 친구가 되어 웃어야 하지 않나요? 그 이유는 남녀 사이에 이해관계가 너무 많이 얽혀 있기 때문이지요.

신학기 처음 만난 같은 반 아이들이 친구를 사귈 때 가장 중요하게 생각하는 게 무엇일까요? 보편적으로 "그 친구는 의리가 있고, 저 친구는 의리가 없어."라는 말을 자주 합니다. 사업할 때 동업자를 구하면서도 이 사람이 신용이 있나 없나만 중요하게 평가합니다. 친구나 동업자를 찾으면서 상대의 키나 얼굴 같은 외모를 보거나 집안 환경을 따지는 사람은 거의 없습니다.

그런데 선을 볼 때는 조건이 까다로워요. 일단 나이도 봐야 하고, 키나 얼굴 등 외모도 묻습니다. 학교는 어디를 졸업했는지, 부모님은 뭘 하시는지, 집안은 화목한지, 종교는 뭘 믿는지, 형제 사이에 우애는 어떤지 등도 조목조목 살펴봅니다.

여자를 예로 들면, 괜찮다 싶은 남자는 나보다 돈이 더 많아야 하고, 인물도 준수해야 하고, 학벌도 좋아야 하고, 머리도 똑똑하고, 성격은 박력이 있으면서 동시에 부드럽고 자상해야 합니다. 그것으로도 부족해서 길을 걸을 때 다른 여자에게 눈길 하나 안 주고 오직 나만 바라봐야 해요. 이런 남자라야 좋은 신랑감입니다. 어떻습니까? 조금 모순된 말 같지 않습니까?

키 크고 잘생긴 외모에 학벌, 집안, 직업 전부 좋고 성격까지 서글서글한 남자. 그야말로 킹카 중에 킹카인 이런 남자를 안 좋아하는 여자가 있겠습니까? 내 눈에 보기 좋으면 남들 눈에도 똑같이 보기 좋습니다. 그러면 이 남자를 가만히 두겠습니까? 결혼한 뒤에도 유부남이라도 괜찮다며 적극적으로 애정 공세를 하는 여자들도 있겠죠. 그러니까 남편이 바람을 피우는 이유는 어느 날 갑자기 그야말로 '바람'이 불어서 생긴 일이 아니라 이미 예정되어 있던 결과라고 봐야 합니다. 내가 조건을 따져 가며 고른 남자는 다른 여자들에게도 좋은 남자로 보이니까요.

그런데 문제는 나보다 못난 남자가 한눈을 팔면 '안녕히 가십시오.' 하고 헤어지면 되는데 내가 잘 잡았다 싶은 남자의 경우에는 바람을 피워도 버리지를 못하는 거예요. 그 남자를 버리고 다시 새로운 사람을 만난다고 해도 지금의 남자처럼 조건이 좋은 사람을 만나기 어렵기 때문이죠. 그러면 결국 내 마음은 시기와 질투와 고뇌로 괴롭기 그

지없습니다. 팔자타령을 하면서 자괴감에 빠지게 되죠.

  하지만 이런 상황은 우연히 일어난 것이 아니라 처음 내가 그를 선택한 순간부터 결과가 예측된 일입니다. 가을에 낙엽이 저절로 생기는 것이 아닙니다. 봄에 새싹이 돋고 여름철 무성한 과정을 거쳐서 가을에 찬바람이 불기 시작하면 단풍이 들고 결국 낙엽으로 떨어지는 것이 하나의 예고된 과정이지요. 이처럼 우리가 어떤 사물을 보거나 마음의 일에도 단계 단계별로 내재되어 있는 과정을 알아볼 수 있어야 합니다.

  내가 돈이 좀 있는 남자라서 여자를 만나면 돈을 팍팍 쓰면서 인심을 부립니다. 주변에는 사람이 끊이지 않아요. 이때 여자는 '나'를 좋아한 것일까요, 돈을 보고 좋아한 걸까요? 만약 이 남자에게 돈이 없어지면 주변의 사람들이 그냥 그대로 있을까요, 떠나버릴까요? 돈을 보고 왔으니 돈이 없으면 떠나는 것이 인지상정 아닌가요? 이것을 배신이라고 말하는데 그렇지 않습니다. 그 현상 그 자체 그대로 진리예요.

  권력의 속성도 마찬가지입니다. 내가 높은 지위에 있으면 주변 사람들이 굽실댑니다. 하지만 퇴직을 하고 나면 아들딸이 결혼한다고 해도 찾아오는 사람이 없습니다. 그럼 대부분 배신감에 치를 떨겠죠.

하지만 지위를 보고 왔던 사람들이니 내게 지위가 사라지면 더 이상 찾아오지 않는 게 당연합니다.

만약 내가 지위가 높더라도 다른 사람들을 권위적으로 대하지 않고 똑같은 동료로서 존중하며 지냈다면 자리에서 물러나도 대부분 여전히 친구고 동료로 남아 있을 겁니다. 지위가 높을 때나 재물이 많을 때 그 조건에 구애되지 않고 허물없이 관계를 맺으면 그 조건이 사라진 뒤에도 인간관계는 여전히 그대로 존재합니다. 하지만 돈이나 지위를 이용해 맺은 관계는 나중에 외로움으로 되돌아오기 쉽습니다.

그런데 애인이나 부부 관계는 서로 이해관계가 상당히 상충하기 때문에 내가 상상했던 것과 다른 모습을 발견하게 되면 금방 실망합니다. 그러고는 괜히 결혼했다, 내가 사람을 잘못 봤다며 상대를 비난하지요. 이 비난의 내면을 들여다보면 전부 내가 만든 이해타산의 결과입니다. 이것이 우리의 현실입니다. 그래서 저는 이런 말을 자주 합니다.

"사랑 좋아하시네."

여러분은 첫눈에 반한 사랑을 믿습니까? 한눈에 반해 사랑에 빠졌다는 커플들의 연애가 오래갈 확률은 극히 드뭅니다. 한눈에 반했다는 말은 내가 평소 원하던 모든 조건을 갖춘 '이상형'이라는 뜻이겠지요. 그게 바로 욕심이 극에 달한 상태입니다.

내 연애의 목적을 생각해보세요. '내 눈에 보기 좋은 상대와 며칠이라도 불꽃처럼 사랑하고 싶다.'를 목적으로 한다면 그 관계가 오래 지속될 거란 기대는 하지 마세요. 반대로 오랫동안 상대와 같이하고 싶다면 눈높이를 낮추는 것이 좋습니다. 내가 꿈꾸던 이상형을 조금 낮춰서 관계를 맺으면 그 사람과는 인연이 오래 지속됩니다.

사람을 사귈 때는 그냥 사귀세요. 좋은 사람을 사귈 수도 있고, 만나다 보니 배울 점이라고는 하나 없는 나쁜 놈과도 만날 수 있습니다. 그렇다고 연애나 사랑에 실패한 것은 아닙니다. 그 사람과는 실패했을 수도 있습니다. 하지만 그 실패가 나쁜 건 아닙니다. 실패는 농구 연습과도 같은 겁니다. 농구 골대에 공을 던지면 한 번에 시원하게 골인합니까? 수없이 던지고 연습을 거듭해 결국 공을 골대에 넣을 수 있게 완성되지요.

청춘에게 실패라는 말처럼 어울리지 않는 말도 없습니다. 실패가 아니라 단지 연습만 있을 뿐이죠. 인간관계를 맺는 일도 연습하듯 여러 번 되풀이해보세요. 인간관계는 폭넓고 다양할수록 좋습니다. 여러 사람과 관계를 맺으면서 경험을 쌓는 겁니다. 사람과의 만남도 인간관계의 연습이라 가볍게 생각하고 마음의 부담을 지워버리세요. 그중에는 하루 만에 혹은 한 달 만에 끝나는 관계도 있고, 3년이 넘도록 지속하는 관계도 있어요. 그 과정에서 사람에 대해 배우면서 인간을 깊이 이해할 수 있습니다.

뜻대로 풀리지 않았을 때도 실패라고 단정하지 말고 그 자체를 연습으로 받아들이세요. 몇 차례 실패를 반복해 연습하면 결국 내가 원하던 상대와도 자연스럽게 사랑이 이뤄지게 될 겁니다. 성공이나 실패와 관계없이 우리가 경험하는 모든 것은 그 전부가 인생살이이고 각성입니다. 그래서 인생은 나날이 발전하지 결코 후퇴하는 법이 없어요. 동서고금의 여러 성인은 서로를 미워할 때 우리에게 '살아라, 살지 마라.'라는 이야기를 한 적이 없어요. 오직 상대를 미워하지 말라는 말씀만 남기셨죠.

사람을 사귈 때 너무 망설이지 말고 계산하지 말고 일단 한번 마음 가는 대로 해보세요. 네가 좋다고 고백했는데 상대는 별로 마음에 들지 않는지 싫다고 대답합니다. 그때 쿨하게 알았다고 하면서 물러납니다. 이 과정을 상대에게 고백했다가 거절당했다고 생각하면 상처를 받겠죠. 하지만 그것은 상대에게 선택의 기회를 주고 그 사람의 자유를 존중한 결과일 뿐이에요. 내가 커피를 좋아한다고 했는데 상대는 커피가 싫다고 한 것과 마찬가지죠.

청춘이라면 여러 사람을 만나며 인간관계를 쌓는 데 두려움을 갖지 말고 사귀면서 그 인간관계 속에서 배워 나가세요. 때로는 방황해도 괜찮습니다. 지금 잠깐 방황해도 곧 내 마음의 심지를 세우고 정신을 차리면 되는 일이에요. 틀려도 괜찮습니다. 틀리면 고치면 될 뿐이에요. 실패해도 괜찮습니다. 실패했다면 다시 도전하면 그만이죠. 그러니 항상 긍정적으로 생각하고 다시 앞으로 나가기를 두려워하지 마세요. 움츠러들고 숨으려고 하면 연애마저도 침체하기 쉬워요. 그보다는 살짝 아픔을 겪더라도 미래로 나가는 적극성이 훨씬 값집니다.

사랑이 어떻게 변하니

05.

"저에게는 5년 동안 사귀고 결혼까지 하려고 마음먹었던 상대가 있어요. 그 사람은 결혼에 한 번 실패한 경험이 있지만, 사랑하니까 그 상처를 이해했습니다. 그런데 갑자기 남자가 저랑 만나기로 약속한 날, 다른 여자가 생겼다는 문자만 달랑 남기고서는 연락을 끊어버렸어요."

이 이야기를 들으면 여러분들은 여자분의 상처에 공감하면서 누구나 상대 남자에게 "이런 나쁜 놈."이라고 말할 겁니다. 내가 성인군자도 아닌데 그냥 넘어가자니 마음이 괴롭습니다. 급한 대로 사진을 붙여놓고 때려주는 것으로 분노를 표출할 수도 있겠지만 근본적인 치료라고 보기는 어렵습니다. 다른 사람이 대신 가서 '너 같은 나쁜 놈 때문에 남자 위신이 다 깎였다.' 하고 이 남자를 좀 손봐줄까요? 그것도 한 방법이겠지만 역시 해결책은 아닙니다.

처벌은 그 사람에게 고통을 주고 보복이 되겠지만 나에게 무슨 이익이 돌아오겠어요? 냉정하게 말해서 보복을 해봐야 나에게는 아무것도 달라지는 일이 없습니다. 분노에 사로잡혀 보복하면 상대에게 해를 끼칠 수는 있지만 나에게 이익은 없어요. 지금 나에게 필요한 일은 이익이 될 일을 찾는 겁니다. 그 남자와 관계가 깨진 것은 엎질러진 물처럼 이미 일어난 일이에요. 이미 지나간 일인데 지금 나 혼자 분노하면 내가 괴롭고, 내 마음만 아프고, 내 눈물로 수건만 적시겠죠.

"처음에는 충격으로 울기만 했는데 시간이 지나면서 헤어지는 것도 깨끗하게 감정을 정리하면서 잘 끝내고 싶다는 생각이 들었어요. 그래서 남자에게 전화를 걸었더니 이 남자 뭐라는 줄 아세요? 저를 무슨 결재 서류 다루듯 취급하면서 새로 만난 사람 때문에 마음이 설렌다 어쩐다 하는 거예요. 애써 아무 일 없던 것처럼 생활하지만 제 속은 썩어 들어가고 있어요. 그 남자가 저에게 잔인한 문자를 보내는 악몽을 계속 꿔서 잠을 잘 수가 없어요."

사람이기 때문에 육체적 고통은 피할 수 없습니다.
그러나 정신적 고통은 수행의 결과에 따라 느낄 수도,
그렇지 않을 수도 있습니다. 마음이 만들어낸 고통은 본래는 없던,
실체가 없는 허상이지요. 그런데도 마음의 고통을 느낀다면
제2의 화살을 맞게 되는 셈입니다.

헤어짐에도 서로 상대에 대한 예의가 있을 겁니다. 이 사람은 그 부분에서 더욱 상처를 받은 것이죠. 남자가 헤어지자는 통보를 문자 메시지로 보낸 행동은 제1의 화살입니다. 그 화살을 맞고 여자분이 오랫동안 울면서 거듭 되돌아보다가 상대 남자에게 전화를 건 것부터는 제2의 화살, 제3의 화살입니다. 처음에 화살을 맞고서 스스로 자신에게 제2, 제3, 제4의 화살을 쏜 형국이죠. 그 남자가 나를 괴롭히는 것이 아니라 내가 나를 괴롭히고 있는 것입니다.

부처님 경전에 이런 말씀이 있습니다.

"제1의 화살을 맞을지언정 제2의 화살, 제3의 화살은 맞지 마라."

사람이기 때문에 육체적 고통은 피할 수 없습니다. 그러나 정신적 고통은 수행의 결과에 따라 느낄 수도, 그렇지 않을 수도 있습니다. 마음이 만들어낸 고통은 본래는 없던, 실체가 없는 허상이지요. 그런데도 마음의 고통을 느낀다면 제2의 화살을 맞게 되는 셈입니다. 대부분의 사람이 제1의 화살을 맞고 대처하는 방법은 제2의 화살로도 부족해서 제3의 화살, 제4의 화살을 스스로 맞는 겁니다. 근심과 걱정이 꼬리에 꼬리를 물듯 이어지며 새로운 고통을 만들어내는 것입니다.

마음을 다스리지 못하는 여자분에게 상대에 대해 물었습니다.

"그 남자가 객관적으로 괜찮은가요?"

"겉보기에는 굉장히 젠틀한 모습이에요."

"솔직하게 겉보기만 그렇다고 하지 말고 그 사람이 젠틀하다고 말해야죠. 나를 배신하니까 겉보기에만 젠틀하다고 하나요? 만약 지금도 계속 만나고 있다면 '겉보기'라는 말은 안 붙을 것 아니에요? 남들이 보기에 잘생긴 편이죠?"

"네, 외모는 남에게 빠지지 않을 정도예요."

"말을 잘합니까, 못합니까?"

"재미있게 잘해요."

"직업은 좋은가요?"

"아뇨. 글을 쓰는 사람이라서 수입이 안정적이지 못해요. 사실 그 사람은 성격적으로 조금 고약한 부분이 있어요. 결혼에 실패했던 이유도 그 탓인 것 같아요. 저와 사귈 때도 고약한 성질을 부리곤 했어요. 사실 아이까지 있던 사람인데도 저는 별로 개의치 않았어요. 만날 때는 이야기가 잘 통한다고 생각했는데 그게 제 허영은 아니었나 하는 생각이 듭니다."

인물이 괜찮고 지적으로 열린 사람이라 대화도 잘 통하는 남자. 금전적으로는 조금 부족하고 거기다가 아이가 딸렸고 성격도 썩 좋은 편은 아닌 상대. 이런 남자는 친구로 사귀기 괜찮은 남자죠. 결혼 상대자로 생각한다면 주변에서 다시 한 번 진지하게 생각해보라고 타이를 겁니다. 흔히 말하는 좋은 배우자감은 아니죠. 결혼 생활에서는 생활력도 중요하고, 상대방의 성격도 중요하게 작용합니다. 아이를 키우는 일만 생각해도 쉬운 문제가 아닙니다. 내가 낳은 아이도 속을 썩이고 문제를 일으키는데 전처와의 사이에서 낳은 아이를 잘못 나무라면 계모라 아이를 구박한다는 소리나 듣겠죠.

하지만 친구 관계에서는 크게 문제가 되지 않습니다. 성격이 나빠도 대화를 나누고 사귀기에 크게 장애가 되지 않습니다. 친구 사이라면 밥 먹고 차 마실 경제력만 있어도 충분하죠. 아이가 딸렸다는 것도 친구 사이에서는 문제가 없어요. 둘이 우정을 나누는데 아이가 있고 없고는 별다른 차이가 없으니까요.

그 남자와 헤어진 건 결과적으로 생각하면 굉장히 잘된 일입니다. 남자가 '나는 딸린 애도 있고 성격도 나쁘고 돈도 잘 못 벌어. 그러니 나와 결혼을 한다면 힘들 거야.'라고 말하며 나에게 이별을 설득한다면 어떨까요? 아마 더욱 그 사람이 좋아지고, 모든 역경을 극복하고 내 사랑을 이루고 말리라는 오기가 생길 겁니다. 주변 사람들이 뜯어말려도 기어코 결혼하고 말았을 겁니다.

그 남자는 내 생각보다 나를 더욱 보호해주는 사람이었던 겁니다. 그래서 내가 미련을 두지 않도록 다른 여자 친구가 생겼다는 말로 확실하게 정을 끊어준 거예요. 이렇게 생각하면 얼마나 마음이 편안합니까.

그렇다면 나와 헤어져 준 남자에게 고마워할 일이지 분노에 잠겨 밤마다 베갯잇을 적실 일이 아닙니다. 오늘부터 108배 절을 하면서 '아무개 씨, 당신이 나를 배신해 상처를 받았다고 생각했어요. 하지만 바꿔 생각해보니 사실은 나를 사랑해서 미래의 불행을 미리 막기 위해서였군요. 나에게 차갑게 행동했던 것도 지금 아픔을 감수하고 우리의 관계를 정리하려던 의도고요. 고맙습니다.'라고 해보세요. 100일 동안만 해보면 그사이 분노는 사라지고 그 남자가 정말 고맙게 느껴질 거예요.

지나간 인연을 상처로 쌓아두지 말고 귀중한 경험으로, 내 자산으로 만드세요. 내가 그 사람과 사귀었던 5년이라는 시간은 귀중한 내 인생의 추억입니다. 지금 상대를 미워하는 마음에 빠지면 지난 5년은

허송세월로 낭비한 인생이 됩니다. 또한 새로운 사람을 사귈 때도 이 상처가 계속 부작용으로 나타나요. 하지만 '내가 사람 보는 눈이 없어서 완전히 구렁텅이에 빠질 뻔했지. 그런데 그 남자가 먼저 도망간 덕분에 내가 수렁에서 빠져나왔구나!' 하고 넘기면 앞으로 새로운 사람과 인연을 맺고 연애하고 결혼까지 순탄하게 흘러갈 수 있어요.

지난 5년 동안을 경험으로 삼으면 앞으로 만나게 될 새로운 사람과는 훨씬 좋은 관계를 만들 게 분명합니다.

사랑 앞에서 작아지는 순정남

06.

"올해 스물여섯 살인데 지금까지 한 번도 여자 친구를 사귀어본 적이 없습니다. 제 직장 동료는 삼십 대, 사십 대 형님들로 전부 노총각이에요. 그분들을 보면 나도 저렇게 되면 어쩌나 하는 마음에 너무 걱정스러워요. 문제는 여자 앞에 서면 너무 떨려서 얼어붙기 십상이라는 거예요."

"올해 내 나이가 쉰아홉 살인데 지금까지 혼자 살아도 싱글벙글 웃으며 잘 살잖아요. 그런 나도 생각해줘야지, 스물여섯 살인데 벌써 뭐가 그리 걱정입니까?"

"스님 말씀 중에 사랑도 실패하는 연습을 하라는 말씀이 있더군요.

그런데 저는요, 연습하는 것도 죽을 맛이거든요."

사람과 사람이 처음 만날 때 한 사람이 안절부절 불안해하면 상대도 따라서 불안해지기 쉽습니다. 이 청년은 여자를 만나기도 전부터 '아직까지 연애 한 번을 못 해보다니, 기필코 연애를 한번 해봐야겠어.'라는 다짐을 마음속에 세우고 있습니다. 이런 마음이니까 여자를 만나면 자꾸 떨리고 어떻게 해야 할지를 모르죠. 남들이 나에게 흑심이 있는 놈이라고 욕하는 건 아닐까, 내가 도덕적으로 문제가 있는 건 아닐까 하는 노파심으로 걱정합니다.

이런 상태라면 상대방도 나를 90퍼센트 싫어하거나 두려워하기 쉬워요. 좋아할 확률은 10퍼센트도 안 될 겁니다. 내 욕심만 생각하지 상대에 대한 배려가 전혀 없거든요. 내 가슴을 두근두근하게 만드는 상대는 지금 집안 문제로 고민 중이거나 취업 때문에 도통 마음의 여유가 없을지도 모릅니다. 남자 친구가 있는지, 없으면 남자 친구를 만들 마음은 있는지도 알 수 없죠. 그런 상대에게 무작정 대시를 한다면 관심 없어 거절을 당하거나 잘못하면 미친놈 취급을 당하기 쉬워요. 남자가 갑자기 보자마자 결혼하려고 덤비거나 사랑을 고백하면 부담스럽겠죠.

"사실 같이 근무하는 여직원이 있는데 저보다 서너 살 연하예요. 호감은 있는데 말이라도 한번 걸어볼까 하다가도 괜히 이상한 놈 취급을 받을까 봐 무서워요."

같이 일하는 동료 여자분에게 '흑심'을 품은 이 순정남에게 일단 욕심부터 내려놓으라고 권하고 싶군요. 내가 여자 친구로 만들고 싶더라도 상대도 남자 친구가 필요한지 아닌지는 모르는 문제입니다. 그러니 목표를 '여자'라고 세우지 마세요. 어떻게 한번 해볼까 하는 마음을 내려놓으면 행동도 훨씬 자연스러워질 겁니다. 같은 사무실에서 날마다 얼굴을 볼 테고 나이가 어리니 동생이라고 생각하는 것도 좋습니다. 처음에는 동생처럼 생각하면서 어려운 일이 있으면 도와주는 겁니다. 그러면서 자연스럽게 가까워질 수 있습니다.

이 방법의 장점은 욕심을 부리지 않기 때문에 상대 앞에 서도 떨리지 않는다는 점입니다. 그러니 상대와의 관계에서 실수가 줄어듭니다. 남자와 여자를 따지기보다 동료로서 친구처럼 자리 잡는 것이죠.

서로 조금씩 알아 가다 보면 상대가 원하는 것을 느끼게 되는 순간이 옵니다. 잘 모르는 문제를 해결할 방법을 묻는다거나 전화를 대신 받아 달라는 사소한 일이 될 수도 있습니다. 그런 작은 부탁을 들어주

인간은 본래가 이기적이기 때문에 상대의 이기적인 부분을 인정하고
용인할 때 인간관계가 원만해집니다.
상대방에게 이기적으로 굴지 말라고 할 게 아니라
나부터 이기적인 면을 인정해야 합니다.

면 상대도 조금씩 나를 편안하게 생각하겠죠. 그런 시간이 한 달, 두 달, 석 달 쌓이면 어느 순간부터는 상대의 상태까지 알 수 있을 거예요. 편안하게 친해지면 정말 좋고, 아니면 적어도 동료로서의 신뢰감은 쌓을 수 있어요. 그렇게 쌓인 감정이 좀 더 발전하면 본인이 바라는 여자 친구 단계로 성숙할 겁니다.

이렇게 순진한 남자가 급하게 연애를 시작하면 여자에게 상처받게 되는 경우가 많아요. 그러니 처음부터 애인이나 결혼을 목표로 세우지 말고 여자라는 존재와 관계를 맺는 훈련부터 시작해보세요. 너무 깊이 들어가지 말고 친구처럼 가볍게 지내는 연습을 해보라는 거죠.

사람은 모두 비슷하게 이기적인 구석이 내면에 숨어 있습니다. 그러니까 이기적인 인간이 나쁘다고 하면 안 됩니다. 인간은 본래가 이기적이기 때문에 상대의 이기적인 부분을 인정하고 용인할 때 인간관계가 원만해집니다. 상대방에게 이기적으로 굴지 말라고 할 게 아니라 나부터 이기적인 면을 인정해야 합니다.

연애 한 번 못 해본 순정남에게는 이성으로서의 만남보다 교회나 절처럼 자연스럽게 남녀가 만날 수 있는 공간에 다녀보라고 권유하고 싶습니다. 교회나 절에서는 같은 종교적 신념으로 만나다 보니 사람을 좀 편안하게 사귈 수 있습니다. 방법적인 측면에서 처음 사귈 때는 나보다 어린 여자 친구보다는 연상의 누나를 만나는 것도 좋은 방법입니다. 그러는 편이 미숙함으로 말미암은 위험에 덜 빠지게 될 테니까요.

무엇보다 중요한 점은 '사람'을 사귀는 연습을 충분히 하라는 것입니다. 연습하다가 내 마음에 드는 사람이 나타나면 그때 자연스럽게 관계를 발전시키는 노하우를 발휘할 수 있을 거예요.

내 사랑은 일방통행, 짝사랑 열병

07.

"저는 10년째 홀로 짝사랑 중입니다. 지난 10년 동안 내 짝사랑의 마지막 목표이자 결과는 결혼이었으면 좋겠다고 마음을 품어 왔어요. 한 번쯤 고백하고 싶은데 제 처지가 취업 준비생이다 보니 선뜻 말하기가 어려워요. 제가 어떻게 해야 할까요?"

"솔직하게 말하자면, 그냥 짝사랑만 하세요."

짝사랑만 10년째인 사람. 이런 사람이 상대와 결혼하면 행복보다 화가 다가오기 쉬워요.

종교에 비유하면 부처님을 나 혼자 짝사랑하는 일은 아무런 부작용이 없습니다. 하나님을 짝사랑하는 것도 마찬가지예요. 한 사람에게 반해 사랑하는 마음을 품고 있다면 그 자체로는 문제가 없어요.

사랑에는 부작용이 없습니다. 노랫말에 '사랑은 눈물의 씨앗, 미움의 씨앗'이라고 하는데 그건 맞지 않는 말이에요. 사랑이 눈물이 되고 미움이 되고 원한이 되는 이유는 되돌려 받으려고 하기 때문입니다. 준 만큼 돌려받겠다며 본전을 찾으려고 하니까 사랑이 눈물의 씨앗이 되고 미움의 씨앗으로 변하는 겁니다. 사람에게는 내가 준 것에 대해 본전을 찾으려는 심리가 있습니다. 내가 '10'을 줬는데 '10'으로 되돌아오지 않으면 원망합니다.

짝사랑하던 상대와 좋은 관계를 유지하고 싶다면 결혼까지 생각하지 말고 짝사랑으로 끝내세요. 오랫동안 매달린 짝사랑이 마침내 이루어져 그 사람과 함께 살면 행복의 결실이 저절로 맺어질 것 같지요? 그런데 뜻밖에도 '전혀 아니올시다.'가 되기 쉬워요.

다른 예로 제 이야기를 듣고는 저를 좋아하는 마음이 생겨나 스님과 함께 살면 좋겠다고 하는 사람이 있었습니다. 하지만 한번 살아보면 '아니다.' 하고 크게 실망할 것입니다. 기대가 너무 크기 때문이죠. 실제 스님의 삶이란 여러분과 별 차이 없는 능력 '100'이라는 숫자에 해당하는데 여러분은 텔레비전 보듯 멀리서 보기 때문에 능력 '200'쯤으로 착각하고 큰 기대를 하거든요. 실제로 경험해보면 두 숫자 사이에서 실망하게 되는 거예요.

10년 동안 좋아하는 마음을 품고 있었으니 상대에 대한 기대치가 얼마나 높겠어요. 상대는 그 기대를 결코 채워줄 수 없어요. 그래서 짝사랑 상대와는 결혼하지 않는 편이 좋아요. 죽을 때까지 그냥 짝사랑을 계속하면 그 마음은 행복으로 자리 잡을 겁니다. 누군가를 사랑하는 마음으로 항상 행동이나 생각을 바르게 하려고 노력할 테니까요. 좋아하는 상대를 생각만 해도 기쁘잖아요? 이렇게 혼자 사랑하는 마음만 품는 편이 훨씬 좋아요.

사랑에는 부작용이 없습니다. 노랫말에
'사랑은 눈물의 씨앗, 미움의 씨앗'이라고 하는데
그건 맞지 않는 말이에요. 사랑이 눈물이 되고
미움이 되고 원한이 되는 이유는 되돌려
받으려고 하기 때문입니다.

사람 속에서 길을 묻다

08.

"스님들이 보는 불경이나 《금강경》 같은 경전에는 사랑 이야기도 없고, 제 생각에 연애 한 번 해보신 적이 없을 텐데, 스님은 어떻게 사랑에 관해서 이야기해줄 수 있나요?"

수행자의 길을 걷는 스님이 사랑 고민에 대해 답하다 보니 가끔은 이런 의문을 품는 사람과 만나게 됩니다. 사랑에 대해 환상을 품고 있는 이런 사람은 제가 똑같은 사람이라는 점을 생각하지 않아요. 저 역시 여러분과 똑같지만 연구하기를 굉장히 좋아한다는 점이 다릅니다. 저는 사물을 바라보면서 '저건 왜 저럴까?', '왜 저 문제가 이렇게 풀렸을까?' 하고 끊임없이 의문을 품고 연구합니다.

한 가지 예를 들면 수행 중에 종종 단식을 합니다. 그때도 저는 '배가 고프면 심리가 이렇게 움직이는구나.' 하면서 스스로 의문을 품고 연구하며 그 해결법을 찾습니다. 단식 중에 외부로 강연을 가면 초대한 곳에서 "스님, 한번 맛보세요."라며 별식을 대접합니다. 그 음식을 보면서 내 마음이 어떻게 작용하는지도 살펴보죠. 마음의 작용 원리는 욕망 등 어떤 이유가 있으니까요.

저는 정규교육으로는 고등학교가 끝입니다만, 아침에 신문을 읽으면서 귀퉁이 작은 기사 하나도 공부거리라고 생각하고 살펴봅니다. 무엇이든지 다 배울 것들이지요. 한 가지 예로 필리핀에서 반군 활동을 하는 '모로민족해방전선(MNLF)'의 수장과도 이야기를 나눠봤습니다. 이들은 필리핀 남부의 민다나오 섬에 사는 이슬람교도들로서 독립을 요구하는 단체입니다. 제가 그 반군 조직의 수장과 만난 이유는 그 지역에 학교를 짓다 보니 치안 유지가 필요해서였습니다.

사람들은 민다나오 섬도 위험하다고 가려고 하지 않죠. 저에게도 왜 그곳에 가서 활동하려고 하느냐며 위험하다고 반대하는 사람이 많았습니다. 그런데 하물며 반군 지도자를 만나러 가다니, 너무 위험하다는 거였죠. 저는 직접 그들을 만나 짧게라도 대화를 나눠봐야 승낙

우리는 지금도 시행착오를 거듭하고 실패 속에서 새로운 무엇인가를 찾고
도전하기를 반복하고 있습니다. 그래서 어제까지는 연습이었고,
오늘만 실전이에요. 내일이면 내일은 또 새로운 실전이고,
오늘까지는 연습이 되겠죠.

을 받든 못 받든 그 이유를 정확하게 알고 어떻게 일할 것인지를 결정할 수 있다고 생각했습니다. 그들과 만나서 이야기를 나누지 않았다면 그들이 원하는 바를 지금까지도 짐작할 수 없었을 거예요. 이런 만남도 큰 배움이지요.

실패를 두려워하지 말라고 자주 말하는데 저 역시 수없이 실수를 반복했습니다. 실수나 실패야말로 좋은 공부거리입니다. 매번 성공만 하면 절대 실력이 늘지 않습니다. 시험문제에서 답을 틀려야 정답을 찾기 위해 이런 방법도 찾아보고 저런 방법도 찾아보며 그 과정을 반복하면서 원리를 이해하게 되는 경우가 많습니다. 실패를 해봐야 그 다음 새로운 결과를 만들어낼 수 있고 그러면서 실력이 늘어납니다.

우리는 지금도 시행착오를 거듭하고 실패 속에서 새로운 무엇인가를 찾고 도전하기를 반복하고 있습니다. 그래서 어제까지는 연습이었고, 오늘만 실전이에요. 내일이면 내일은 또 새로운 실전이고, 오늘까지는 연습이 되겠죠. 저 역시 그런 마음으로 하루하루를 살아갑니다. 무슨 특별한 비법이 숨어 있는 남다른 인생은 아닙니다.

나의 심리를 연구하면서 남을 이해하고, 다른 사람과 상담하면서 그 사람의 심리에 나를 견주어보는 것도 계속합니다. 사람의 심리는 비슷한 성질도 있지만 환경이나 자라 온 배경에 따라 똑같은 사건에 대해서도 다른 심리가 일어나기도 합니다. 그래서 사람들의 마음이 모두 내 맘과 같을 것이라고 미리 짐작해버리면 위험합니다. 반대로 사람의 마음은 모두 다 다르다고 생각하는 것도 옳지 않습니다. 사람의 마음은 공통점도 있고 개별적인 차이점도 있어요. 그 공통점과 차이점 양쪽을 다 봐야만 인간관계가 원만하게 이루어집니다.

 어떤 일을 하다가 실패하면 새롭게 다시 도전하고, 성공하면 또 다른 일에 도전합니다. 그런데 이 결과만 놓고 하나는 실패한 인생이고, 하나는 성공한 인생이라고 말할 수 있을까요? 두 가지 일을 하거나 한 가지 일을 두 번에 걸쳐 도전해 성공하는 것이나 똑같은 인생입니다. 한 가지를 열 번 반복하는 것이나 다른 일을 열 가지 하는 것이나 어차피 같은 인생이에요. 인류 문명의 위대한 발견을 한 사람들은 열 번, 스무 번, 백 번 실패를 반복하다가 마침내 새로운 것을 찾아낸 사람이 많습니다. 그들을 우리는 위대한 발견을 해냈다며 존경하지요. 한 가지 일에 성공한 예를 백 가지, 천 가지 늘어놓은 사람은 그 당시에는 굉장히 빛났겠지만 오랜 세월 뒤에는 창조적인 결과로 칭송받는 사례가 없습니다.

흔히 결과만 놓고 천재라거나 신비롭다고 판단하는데 그 일을 이루기 위해 얼마나 많이 노력했는지 알면 그 어떤 결과도 신비한 건 없습니다. 모를 때는 기적이라 하지만 과정을 알면 결코 기적은 없습니다. 그러니 쉽게 '신비하다.', '기적이다.'라고 말하지 마세요. 그 말은 곧 무지(無知)하다는 걸 반증하는 겁니다. 원시인이 마이크나 휴대전화를 보면 신기하게 여기겠죠. 하지만 현재 손에 든 휴대전화를 보면서 신비하다고 말하는 사람은 아무도 없습니다. 원리를 잘 알고 있기 때문이죠.

  우리의 삶은 연속된 과정입니다. 하루하루의 삶이 모두 소중한 인생이죠. '성공이냐 실패냐'보다는 그 과정에서 내가 무엇을 보고 배웠는지가 더 중요합니다. 청춘은 늘 도전하고 반성해야 해요. 실패를 반성하고 다시 도전하고, 분석해서 새로 도전하며 결과를 만들어내기 위한 다양한 시도를 끊임없이 해봐야 합니다. 사람 사이의 인간관계도 마찬가지입니다.

❝ 사랑에도 연습이 필요합니다.
사랑 연습 중에 방황해도 괜찮습니다.
실패도 괜찮아요. 틀리면 다시 하면
될 뿐이고, 모르면 다른 사람에게
물어보면 그만이에요. 이렇게 쌓이고
쌓이는 연습이 인간에 대한 이해를
높이고, 나를 더욱 풍요로운
사람으로 만듭니다. ❞

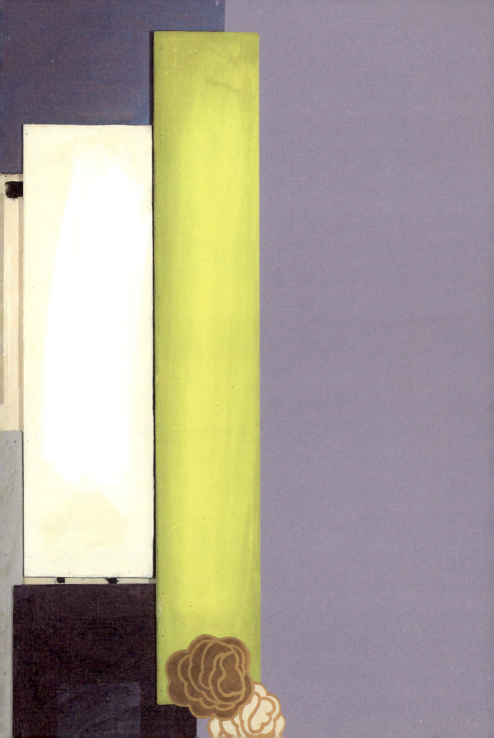

세
번
째
이
야
기

꿈의 소리에 귀 기울이다

스펙, 스펙!
해야 할 일이 너무 많아

01.

취업을 앞둔 청춘들은 스펙 쌓기가 가장 큰 고민이라고 말합니다. 직장을 구하려면 학벌은 물론이고 학점 관리도 잘해야 하고 토익 점수 등 외국어 실력도 월등해야 하고 자원봉사나 인턴 같은 경력 관리까지, 해야 할 일이 너무 많습니다.

"지금 대학생회에서 활동하는데 부족한 게 많고 배워야 할 것이나 공부할 것들이 생깁니다. 국제 자원 활동 분야에서 일하는 특성상 세계정세도 공부해야 하고, 영어도 능숙하게 해야 할 것 같아요. 온라인 쪽으로는 트위터 같은 새로운 트렌드도 빨리 익혀야 할 것 같고요. 활동에 필요하니까 빨리 배워야 하겠다는 생각은 있는데, 뒤처질 것 같은 초조한 마음이 먼저 들더라고요. 그래서 어떤 마음으로 받아들이고 배워 나가야 할지 답을 구하고 싶습니다."

배우고 공부하는 일은 분명히 좋은 것입니다. 다만 지금 자기가 할 수 있는 일과 해야 하는 일 사이의 간격은 생각해봐야 합니다. 내가 할 수 있는 것하고 해야 한다는 것은 전혀 다른 문제입니다. 목표를 위해 무엇 무엇을 해야 한다는 것은 모두 욕심입니다. 내 능력보다 더 많이 해야 한다고 세운 목표부터가 욕심이죠. 욕심이 많으면 초조하고 조급해지기 마련입니다.

무엇보다 먼저 자신이 소망하는 일을 이루려면 욕심을 버려야 합니다. 욕심을 버리라는 말에 대해 '무엇이든 하겠다는 생각을 버려라.'라고 오해하면 곤란합니다. 욕심을 버리라는 뜻은 능력만큼 하라는 거예요. 사람이 자신의 능력이 얼마인지, 내 능력의 한계가 어디인지 알 수 있습니까? 능력은 우리 눈에 보이지 않죠. 그러니 미리 한계를 짓고 내 능력은 이것밖에 안 되니까 이것만 한다는 식으로 평가절하하지는 마세요.

현재 내가 할 수 있는 능력보다 두 배를 정해놓고 이루려고 한다면 그만큼 더 노력해야 합니다. 남들과 똑같이 생활해서는 이룰 수 없죠.

다른 사람들이 놀 때 안 놀고, 다른 사람보다 상대적으로 많은 양의 노력을 기울여야 합니다. 생각처럼 쉬운 일도 아니고 실천에 옮기기란 더욱 어렵습니다. 그런데 노력은 하지 않고 머릿속으로 해야 한다는 생각만 하면 어떨까요? 마음만 불안하고 초조해집니다. 그럴수록 노력에 집중하기 어려워지죠.

또한 아무리 능력이 뛰어나도 이 세상에 있는 모든 것을 다 알고 배우는 일은 불가능합니다. 그러니까 자기 스스로 역량을 몇 가지로 정리해서 정해놓고 그 역량 안에서 최선을 다하는 거예요. 쉬운 예로 저에게 많은 강연 요청이 들어오는데 365일을 다녀도 다 해줄 수는 없습니다. 제3세계 돕기 운동 역시 전부는 할 수 없습니다. 그런데 재미있는 점은 하나하나는 365일을 해도 다 못 한다고 하면서 굵직굵직한 사업을 대여섯 개나 진행하고 있습니다. 요령은 할 수 있는 만큼 하는 거예요. 욕심을 앞세우는 게 아니라 요청이 들어오고 나에게 사명을 주니까 내 온 힘을 들여서 일하는 겁니다.

"하는 데까지 하세요. 인터넷을 배우고 싶으면 배우고, 국제 정세에 대해 알고 싶으면 그 부분을 공부하세요. 하루에 몇 시간 자요?"

"다섯 시간 정도 잡니다."

"한 시간만 줄이면 충분하겠네요."

나에게 필요한 공부거리가 많아서 배우는 데 시간을 투자해야겠다면 밥 먹는 시간을 줄이고 친구하고 노는 시간을 줄여야죠. 그렇다고 친구들과 안 만나고 살 수는 없으니 작은 방법을 이용합시다. 친구하고 술 한잔을 해야 한다면 국제 정세 토론 자리로 만드는 겁니다. 한 자리에서 술도 마시고 친구를 만나 스트레스도 풀고 국제 정세 토론으로 공부도 겸하며 일석삼조 효과를 톡톡히 노리는 거죠.

그게 되겠느냐고요? 아니, 술자리 따로 있고 국제 정세 토론하는 자리 따로 있을 필요가 뭐가 있어요. 자기가 하는 일이 무엇이든 술을 마시든 농촌에 가서 일하든 그게 중요한가요? 관심사가 무엇이냐에 따라 사람들이 이런 자리를 원하면 이런 일을 하고, 저런 자리를 원하면 그 일을 하면 됩니다. 미리부터 이 일과 저 일은 전혀 다르다고 나누고 각각 따로 해야 할 일이라고 생각하지 마세요.

지금 목표로 세운 일을 이루지 못해서 초조한 이유는 욕심 때문입니다. 이때의 욕심이란 뭔가 하고 싶다는 욕구나 갈망을 뜻하는 것이 아닙니다. 하고 싶은 일이 전부 욕심은 아닙니다. 내가 할 수 있는 능력보다 원하는 게 더 많으면 자신의 능력을 키워야 하는데 능력은 안 키우고 생각만 자꾸 앞서 가는 것이 문제입니다. 해야 한다고 생각하면 그 간격이 커지니까 자꾸 불안하고 초조해집니다.

국제 정세나 트위터 등을 배워야겠다고 마음먹었다면 완성 날짜를 정하지 말고 틈나는 대로 공부하세요. 영어 공부도 계속하면 좋죠. 저 역시 영어를 조금 잘하면 좋겠다고 생각할 때가 종종 있습니다. 외국에 나가면 저 혼자 의사소통을 할 수 없으니 영어 잘하는 사람에게 도움을 받습니다. 도움을 얻었으니 저 역시 돈을 주거나 내 재주로 그 사람을 도와줍니다. 정토회 가족분들이나 제 법문을 듣고 도움을 얻은 분들이 주로 도와줍니다. 제 부족한 영어 실력을 예로 든 이유는 모든 일을 나 혼자 해야 하는 건 아니라는 말을 하고 싶어서입니다.

내 힘으로 부족한 일, 내가 못 하는 일은 남에게 도움을 받아야 해요. 내게 도움을 준 사람에게 나도 다른 방법으로 갚을 수 있습니다. 우리는 혼자 사는 게 아니라 함께 살아가는 사람들이니까요.

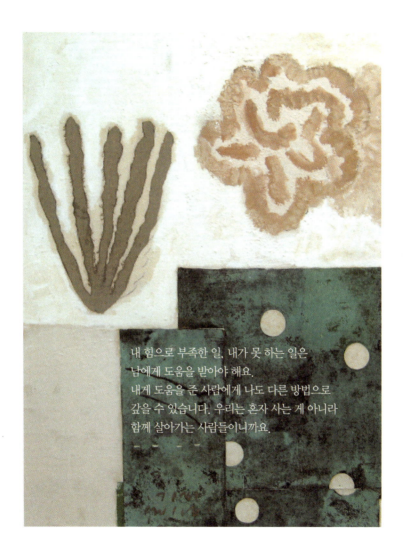

회사 가기 싫은 사람

02.

"7년 전에 정말 고생해서 간신히 좋은 직장에 들어갔습니다. 그 순간은 너무 행복했는데, 이후로는 너무 힘이 들었습니다. 가장 큰 고민은 조직 생활에 대한 부적응이에요. 이익 창출만을 위해서 인간을 비인간적으로 몰아붙이는 문화가 적응하기 어렵고 너무 큰 스트레스입니다."

"그중에서도 가장 힘들게 하는 일은 무엇인가요?"

"가장 힘든 건 사람들과의 관계입니다. 틈만 나면 다른 사람을 비난하고 험담하는 분위기예요. 사람뿐 아니라 조직에 대한 불평불만을 늘어놓는 사람도 많습니다. 어울리다 보면 저도 같이 물들어서 같이 불평하고 욕합니다."

"다른 사람들과 어울리다 보니 나도 모르게 나쁜 물이 들었다는 뜻이죠?"

"문제는 저에게 있다고 생각합니다. 본래부터 성격이 소심하고 남의 눈치를 살피며 예민한 편입니다. 기억을 더듬어보면 유치원 때부터 남과 어울리는 걸 정말 싫어했습니다. 유치원, 초등학교, 중학교 계속 너무 다니기 싫었어요. 그래도 대학에는 들어가야 하니까 간신히 다니고, 직장도 다녀야 하니까 간신히 들어가서 '버텨야지.' 하고 있어요. 하지만 직장 생활은 어차피 끝을 내가 내는 거니까, 언제까지 버텨야 하는지 고민이에요. 지금이라도 제 성격에 맞는 저 혼자 할 수 있는 일을 찾아야 할까요? 아니면 지금 직장에서 어떻게든 헤쳐 나가려고 노력을 해야 할까요?"

요즘처럼 취직하기 어려운 시대에 도서관에서 책을 파는 학생들이 이 얘기를 들으면 '그것도 고민이냐?'라고 할지도 모릅니다. 하지만 직장 생활 7년 차라는 이분은 회사 일만 생각하면 마음이 너무 괴롭고 답답하다며 눈물을 글썽였습니다.

이 고민을 해결하기 전에 한 가지 재미있는 이야기를 해 드리죠. 하루는 어떤 부인이 저한테 와서 아이가 공부 못한다며 호소했어요. 그래서 제가 몇 등이나 하느냐고 물었습니다.

"5등이요. 반에서 5등 해서는 서울대는 어림없고 연고대도 못 가요. 어쩌면 좋아요, 스님!"

그분이 한참 불평을 하고 돌아가고서 다른 분이 왔습니다. 역시 자녀에 대한 고민을 털어놓았습니다.

"우리 애는 반에서 겨우 10등이에요. 대학은 도대체 어딜 가야 할지, 제가 걱정이 너무 많아요."

그래서 제가 앞에 찾아오셨던 분도 아이 때문에 고민이 많더라고 말했습니다.

"그 집 애는 몇 등 한대요?"

"5등 정도라고 합디다."

"아이고! 5등 하면 됐지요. 뭐가 고민이래요? 10등 정도면 연고대는 고사하고 서울에 있는 4년제 대학도 갈까 말까 하는 처지예요."

그분이 돌아가고 또 다른 부인 한 분이 오셨습니다. 역시 똑같은 자녀 문제였습니다. 제가 앞서 찾아오셨던 분들의 이야기를 하자 이렇게 말했습니다.

"10등이나 하는데 무슨 걱정이래요? 저는 중간만 해도 좋겠어요, 정말."

그다음으로 또 다른 분이 와서 비슷한 고민을 털어놓았습니다.

"우리 아들은 꼴찌예요, 꼴찌. 제가 아주 창피해서 얼굴을 들고 다닐 수가 없어요. 제 소원은 중간이고 뭐고 꼴찌만 면하는 거예요."

그다음에 찾아오신 분이 말했습니다.

"그래도 그 집 애는 학교는 다니잖아요. 우리 애는 학교에 안 가겠다고 해서 골치가 아파요."

그 뒤에 오신 분은 기막히다는 듯이 이렇게 말했습니다.

"학교 안 가는 거요? 그게 무슨 걱정이에요. 저는 사고만 안 치면 좋겠어요."

그 뒤에 찾아오신 분은 한숨과 함께 이렇게 말했습니다.

"아이들이 자라면서 사고도 치고 속도 좀 썩이고 그러는 게 당연하죠. 사고 치고, 설사 감옥에 가 있어도 다 살아 있잖아요. 우리 아들은 죽었어요."

이 이야기를 들으면 어떤 생각이 떠오르나요? 사람은 누구나 하나씩은 걱정을 품고 있습니다. 문제는 이 걱정이 끝이 없다는 겁니다.

내가 원하는 바람이 이뤄지면 무슨 걱정이 있을까 하고 생각하기 쉽습니다. 하지만 막상 소원하던 일을 이루고 나면 새로운 욕구, 욕망, 바람이 또 생깁니다. 그게 이뤄지지 않으면 또다시 괴로움이 나를 괴롭힙니다. 그래서 우리 인생은 고뇌가 끝이 없다고 말합니다.

우리가 바라는 욕구를 채워서 문제를 해결하려고 하면 욕심이 끝이 없습니다. 문제를 해결하는 유일한 방법은 적당한 선에서 만족할 줄 아는 것입니다. 적정선이라는 것이 무엇이냐고요? 위의 부모님들을 예로 들어보죠. 우리는 끊임없이 다른 사람과 비교를 하면서 삽니다. 예를 들어 아이가 반에서 10등을 한다고 가정해봅시다.

'꼴찌 하는 애도 있는데 10등 하면 잘하는 거지.'

'10등 안에 들지 못하는 애가 절반도 훨씬 넘는데 5등 하면 됐지.'

똑같은 상황에서 생각이 얼마나 다를 수 있는지 알겠죠? 이렇게 사물을 긍정적으로 보는 자세가 우리에게 필요합니다. 사물을 긍정적으로 보면 좋은 점은 크게 두 가지입니다. 첫째로 마음이 가볍고 편안하고, 둘째로 우리의 몸과 마음속에서 생기 있는 에너지가 솟아납니다. 여자로 비유하면 화장을 안 해도 얼굴이 화사하고 예뻐 보이고, 남자로 비유하면 울룩불룩하게 생겼지만 성형수술을 안 해도 호감이 가는

우리가 바라는 욕구를 채워서 문제를 해결하려고 하면
욕심이 끝이 없습니다. 문제를 해결하는
유일한 방법은 적당한 선에서 만족할 줄 아는 것입니다.

인상을 풍깁니다.

위의 고민을 상담하신 분 이야기를 가만히 들어보면 매사에 부정적으로 사물을 본다는 것을 느낄 수 있습니다. 그것이 전부 자신의 카르마입니다. 문제는 최근에 갑자기 생긴 습성이 아니라 유치원 때부터 갖고 있던 본인의 성격 문제입니다.

이런 분이 결혼하면 어떨까요? 처음에는 직장 문제로 고민하던 사람이니 결혼하면서 회사를 그만두면 고민이 전부 사라질 거로 생각할 겁니다. 복잡한 인간관계로 속 썩을 일도 없고 남편 한 명과만 관계를 맺으면 되니까 하고 간단히 생각할 수 있어요. 하지만 단언컨대 몇 년이 지나면 '이 남자하고 평생을 어떻게 사나?' 하면서 버티기를 할 겁니다. 지금은 내 업식(業識)이 직장에 쏠려 있지만 직장을 그만두면 남편이나 다른 가족 등에게 쏠릴 것이 분명하기 때문입니다.

이것은 어디를 가도 나타납니다. 왜냐하면 그 업식이 바깥이나 다른 사람이 아니라 나한테 있기 때문입니다. 언제나 그림자처럼 내 주변을 맴돌다 늘 따라다니며 나타납니다. 지금까지는 용케 학창 시절도 직장도 버티고 있지만 결코 한순간도 행복하지 못했을 겁니다. 이렇게 오래 살면 뭐 합니까? 한순간을 살더라도 자유롭고 행복하게 살다가 죽는 게 인간이 누려야 할 삶 아니겠어요?

지금까지 나 자신에게는 사물을 부정적으로 보는 업식, 습관이 있어요. 업식이란 인도 말로 카르마라고 하는데 나도 모르게 의식화되어 세계를 보는 착각의 잣대, 선입관을 말합니다. 진실과 무관하게 내가 미리 단정하고 내 잣대로 왜곡해서 오해를 일으키는 우를 범하는 것입니다. 제가 하는 이야기를 듣고도 긍정적으로 보지 않고 '그래서? 내 고민을 해결해주는 것도 아니잖아.'라는 식으로 부정적인 면이 저절로 일어나는 것이죠. 항상 부정적인 입장에서 보기 때문에 본인 인생이 피곤한 거예요.

이제부터라도 극복해야 합니다. 매사 사물을 긍정적으로 보는 연습을 자꾸 해야 해요. 회사 업무나 회사에 다닐까 말까를 더 이상 고민하지 마세요. 그것보다 먼저 회사를 부정적으로 보는 내 태도와 습관을 고쳐야 합니다. 그러니 회사를 내 잘못된 습관을 고치기 위한 연습 장소로 여겨버리는 겁니다. 불교적으로 말하면 회사를 곧 내 수행 도량으로 삼는 셈이죠.

사소한 실천 방법은 사람들이 남을 흉보면서 뒤에서 욕할 때 나는 동참하지 않고 욕하지 않는 것부터 행동으로 옮깁시다. 남들이 전부

하는데 어떻게 나만 안 할 수 있느냐고 묻겠죠? 남이 하든지 말든지, 나는 안 하는 연습을 해보는 겁니다. 우리가 살면서 남의 말을 얼마나 열심히 듣는다고 남이 욕하는 버릇까지 따라 해야 하나요? 그럼에도 자꾸 남을 따라서 똑같이 행동하면 지금까지 살아온 습관대로 삶의 패턴대로 가는 것이죠. 그걸 안 하는 연습을 자꾸 반복해보라는 뜻입니다. 직장 동료들이 다른 사람 흉을 보고, 회사에 대해 불평불만을 쏟아놓을 때 나는 동조하지 않고 흉보지 않기를 실천하는 겁니다.

"남들이 다른 사람을 비난할 때 무심코 따라 하는 게 아니라 잠자코 나만이라도 욕을 안 하실 수 있겠어요?"

"네, 앞으로 욕하지 않기를 목표로 세우고 해보겠습니다."

욕 안 하기를 목표로 세웠지만 현실적으로는 다른 사람이 욕을 할 때 나도 모르게 하게 될 겁니다. 사람의 의지가 강하지 못하기 때문이죠. 하지만 그전과 분명히 차이는 있을 겁니다. 내가 욕을 안 하기로 했기 때문에 적어도 남들 따라 욕하는 자신을 돌아보게 됩니다.

이때 자신이 사물을 부정적으로 생각하는 습관이 있기 때문에 '나는 안 되는 인간이야. 이것 봐. 목표를 세워도 난 늘 안 돼.' 하고 생각하기 쉬워요. 그런 생각이 떠오르는 것을 가장 주의해야 합니다. '이번에는 안 됐구나. 나도 모르게 끌려갔네. 또 부정적으로 보는 데 동조했네.' 실패해도 다음번에는 잘해보겠다는 의지로 그 상황 자체를 연습으로 생각해야 합니다.

또 하나, 고민을 털어놓은 분의 이야기 속에서 회사가 비인간적으로 몰아붙인다고 했습니다. 이때도 비인간적이라는 생각은 하지 마세요. 물론 회사 조직 내에는 비인간적인 요소도 있습니다. 그 불합리한 회사의 구조를 고치려면 나를 먼저 고쳐야 합니다. 나를 고쳐야 그다음에 회사 조직도 고칠 수 있습니다. 나조차 못 하는 걸 회사 탓만 해서야 아무것도 변할 수 없잖아요. 그런데 지금까지의 이야기로 미루어볼 때 이 양반은 세상을 고치고 회사를 고칠 만한 역량이 안 되는 사람이에요. 우선 본인 인생부터 똑바로 살아야 할 사람이거든요.

두 번째 실천 방법은 회사에서 맡은 일을 '기꺼이 하겠습니다.', '네, 해보겠습니다.' 하고 긍정적으로 받아보세요. 회사에서 주어진 일이라면 야근이든 이른 출근이든 장시간 업무가 요구되는 프로젝트든 모두 긍정적으로 임하는 겁니다. 못 하거나 안 되면, 혹은 실수를 하면 '죄송합니다.' 하고 사과하면 그만입니다. 다른 사람과 대화할 때도 욕하는 사람을 비난하면서 동조하는 게 아니라 부정적으로 사물을 보는

'오늘도 건강히 살아 있고, 출근할 직장과 할 수 있는 일이 있으니 감사합니다.'라고 긍정적인 기도를 드리세요.
그리고 하루를 시작하는 겁니다.
친구에게, 부모님에게, 동료에게,
신랑이나 아내에게 감사하는
마음을 갖고 표현하세요.

내 습관을 고치는 연습으로 삼아버리는 겁니다. 아침에 출근해서 저녁에 퇴근할 때까지 회사 일이 중심이 아니라 부정적으로 생각하는 내 습관 고치기를 삶의 최고 중심으로 삼아 이것만 연습하는 거예요. 얼마나 좋아요. 내 수행 연습을 하는데 회사가 월급까지 주잖아요.

우리가 대답은 잘하지만 사실 살아보면 당연히 못 할 때도 있습니다. 입으로 거짓말하는 게 아니라 하겠다고 마음을 먹어도 현실에서는 다 못 할 수가 있어요. 그럴 땐 변명하지 말고 '죄송합니다.'라고 사과하세요. '죄송합니다.'라는 말이 처음에는 쉽게 나오지 않지만 자꾸 연습하면 그다지 어렵지 않습니다.

긍정적으로 보는 눈이 이루어져서 다른 사람도, 회사도 긍정적으로 보게 되면 이제 나 자신의 문제보다 조직이나 사회의 불합리한 문제들로 관심이 옮아갈 겁니다. '저런 것을 좀 고치면 힘들어하는 동료들이 더 편안하게 지낼 텐데.'라는 데까지 생각이 미치면 이제 이것은 세상을 바꾸는 운동으로 변합니다. 내가 불편해서 하는 것은 불평불만에 그치기 쉽죠. 하지만 나는 괜찮지만 저런 문제 때문에 세상 사람들이 힘들어하니까 좀 고치는 게 좋겠다는 생각은 변화를 일으키는 운동의 시작입니다.

예를 들어 다른 사람은 불평만 하지 과장님한테 가서 말도 못 하잖아요. 그때 내가 가서 생글생글 웃으면서 "이것 좀 고치면 어떨까요?" 제안하는 겁니다. 뭐라고 하면 "네, 알았습니다." 하고 물러납니다. 이튿날 서류를 가지고 가서 "과장님, 이것 좀 고치면 어떻겠어요?" 하고 다시 말하는 거예요. 이렇게 하면 상대가 성질을 내고 화를 내면 냈지, 나는 성질 상할 일이 없어요.

둘이 대립하는 상황에서 누가 이길까요? 웃으면서 말하는 내가 이깁니다. 내가 화가 나서 성질을 부리면서 하다 보면 두세 번 하다가 '에이, 더러워서. 내가 사표를 내버리든지 해야지.' 하면서 안 되는 거 포기하거나 튕겨 나갑니다. 하지만 내가 아무렇지도 않으면 열 번, 스무 번 계속할 수 있어요. 결국 개선하는 데도 큰 힘이 됩니다. 이것이 우리가 말하는 분노 없이 혁명하는 길입니다. 분노로 혁명하게 되면 세상을 파괴하고 나 역시 상처를 입게 됩니다. 하지만 이렇게 하면 분노 없이도 우리가 세상을 바꿀 수 있습니다.

사실 실제로 해보면 어렵습니다. 그래서 먼저 자기 스스로 연습을 해보자는 것입니다. 아침에 일어나서 불교 신자라면 부처님께, 기독교 신자라면 하나님께 '오늘도 건강히 살아 있고, 출근할 직장과 할 수 있는 일이 있으니 감사합니다.'라고 긍정적인 기도를 드리세요. 그리고 하루를 시작하는 겁니다. 친구에게, 부모님에게, 동료에게, 신랑이나 아내에게 감사하는 마음을 갖고 표현하세요. 나는 다른 사람보다 훨씬 좋은 조건을 갖추고 있으니 더욱 행복하게 살 권리가 있어요. 긍정적으로 바라보면 지금까지 나를 괴롭히던 고민들이 얼마나 사소하고 보잘것없는 것이었는지 보는 눈이 생길 겁니다.

놀이 같은 공부의 비법

03.

청춘들과 상담을 할 때 가장 자주 듣는 고민 중의 하나는 공부가 잘 안 된다며 어떻게 하면 집중할 수 있겠느냐는 질문입니다.

"저는 시험을 준비하는 수험생입니다. 오랜 시간 공부하며 지내다 보니 힘든 점이 있어 스님께 질문을 드리고자 합니다. 공부하는 중간중간 무의식적으로 올라오는 부정적인 생각을 어떻게 줄여 나갈 수 있을까요?"

"부정적인 생각이라면 내가 현재 하고 있는 공부에 대한 회의에 빠진다는 뜻인가요?"

"주로 제가 과거에 실수했던 순간이나 다른 사람과 갈등하던 상황들이 자꾸 떠올라서 괴롭습니다. 또 하나는 온종일 혼자 공부하다 보면 가끔은 너무 외로워요. 그래서 친구들과 만나서 놀기도 하는데 그러고 나면 돌아와서 공부할 시간에 제대로 하지 못했다는 죄책감에 빠집니다."

"친구를 만나도 괴롭고, 아무도 만나지 않고 혼자 공부를 해도 괴롭다는 이야기죠?"

"네. 문득 외로움이 찾아올 때 어떻게 물리칠 수 있을까요?"

이 친구의 고민을 해결할 무슨 뾰족한 대책이 있을까요, 없을까요? 대답은 아무 대책이 없다는 겁니다. 이런 고민은 딱히 제게 질문을 한 사람뿐 아니라 대부분의 사람이 비슷하게 겪는 문제입니다. 대책이 없다고 그냥 내버려두고 혼자 계속 고민하라고 할 수는 없고, 우리가 함께 실천할 방법을 찾아봅시다.

첫 번째 고민은 공부하는 동안 이런저런 생각이 떠오른다는 것입니다. 대부분 망상이죠. 이때는 스스로 알아차려야 합니다. '내가 지금 망상을 피우는구나.' 이렇게 빨리 알아차리는 것이 중요합니다. 쓸데없는 잡념과 망상이 떠오르면 그냥 책상 앞에 무작정 앉아만 있을 것이 아니라 자리에서 벌떡 일어나세요. 세수를 해도 좋고 운동장을 한

바퀴 돌고 오는 것도 좋습니다. 떠오르는 생각에 빠져 있을 것이 아니라 빨리 환기하는 방법을 바로 몸으로 옮기고 돌아와 다시 새로운 마음으로 공부하는 것이 좋습니다.

사실 다른 해결 방법이 없어요. 무작정 머릿속에 파고 들어오니 자신의 힘으로도 통제가 안 됩니다. 통제가 되면 왜 떠오르겠어요? 떠오르지 말라고 해도 그냥 저 혼자 떠오르니까 망상이죠. 문제는 떠오르는 것 자체가 아닙니다. 떠오르는 잡념이나 망상을 우리가 잡고 있는 것이 더 큰 문제입니다. 잡고 있다는 말은 지속시킨다는 뜻입니다.

그런데 망상이나 잡념이 떠오를 때 내가 먼저 떠오르는 것을 알아차리면 상황이 달라집니다. 이를테면 제 해결 방법처럼 벌떡 자리에서 일어나면 그 생각이 금방 없어집니다. 망상이나 잡념이 계속되지 않습니다. 사람은 잠자는 시간마저도 계속 끊임없이 생각을 합니다. 하지만 그 생각이 24시간 계속되는 것은 아닙니다. 뭔가 하나의 생각에 빠져 있다가 그게 지나가면 다른 생각이 떠오르고, 쭉 유지되다가 또 내려가고, 다른 생각이 끼어들 듯 떠올라 유지되다가 사라집니다. 이렇게 망상은 계속 반복됩니다.

먼저 알아차리고 그 망상에 끌려가지 않도록 연습하는 방법으로는 명상 수련 등이 있습니다. 여러분 모두 실천에 옮길 수 있는 쉽고 간단한 방법입니다.

명상 수련을 할 때는 정좌하고 눈을 감은 다음 마음을 코끝에 집중합니다. 집중한 상태에서 숨이 들어오고 나가는 것을 스스로 확인합니다. 잡념 없이 온 신경을 코끝에 집중하면 숨이 들어올 때 '숨이 들어오는구나.' 하고 느낄 수 있습니다. 처음에는 2~3분 동안 집중이 잘 됩니다. 조금 지나면 다시 숨이 들어오는지 나가는지 알아차리지 못합니다. 이미 머릿속에 어떤 생각이 떠올라 나도 모르게 거기에 빠진 것이죠. 그때 포기하지 말고 다시 또 정신을 코끝에 집중해 숨을 알아차리도록 합니다.

처음부터 잘되지는 않겠지만 계속 반복해서 연습해보세요. 명상 수련은 머릿속에 떠오르는 생각이 없어지도록 하는 것이 아니라 머릿속 생각은 수없이 반복되어도 마음을 그 생각에 뺏기지 않고 집중하는 연습입니다. 수십 수백 번 되풀이하는 동안 시행착오를 거듭하면서 처음에는 30초도 안 되어 다른 생각에 빠지던 마음을 나중에는 1분, 2분, 3분 집중하는 시간을 계속 늘려 나갈 수 있습니다. 처음에는 100번이면 100번 모두 망상에 빠졌지만 반복되는 연습으로 100번 중 한

세 번 넘어졌든 열 번 넘어졌든
그 횟수는 중요하지 않습니다.
그냥 '넘어졌네. 그럼 일어나야지.' 하고
간단히 생각해버리세요.
일어나서 다시 앞으로 가다가
또 넘어지면 '또 넘어졌구나.
그럼 또 일어나야지.'라고
생각하면 됩니다. 이렇게 하면
앞으로 나갈 수 있습니다.

번, 10번 중 한 번, 두 번 중 한 번으로 성공을 높일 수 있어요.

　이렇게 마음을 집중하는 것을 불교에서는 선정(禪定)이라고 말합니다. 한마음으로 사물을 생각해 마음이 하나의 경지에 정지하여 흐트러짐이 없다는 뜻입니다. 마음을 집중하는 연습을 반복하면 공부할 때 망상이 떠오르더라도 곧 다시 집중할 수 있게 됩니다.

　떠오르는 망상을 없애는 방법은 사실상 없습니다. 무의식의 세계로부터 수분이 증발하듯이 저절로 떠오르기 때문이죠. 다만 그것에 구애받지 않고 집중하는 방법이 있으니 그 방법을 연습해 망상이 떠오르면 차단하고 다시 집중하는 것이죠. 질문한 사람처럼 초보자는 연습이 안 된 상황이니 환경을 바꿔주는 게 작은 도움이 될 것입니다. 꼭 망상뿐 아니라 공부 중에 잠이 쏟아지는 것도 비슷하겠죠. 처치법은 세수하거나 가볍게 산책을 하는 등 분위기를 전환해서 다시 공부하는 겁니다. 이 방법은 급한 대로 응급치료법으로 활용할 수 있습니다.

　근원적인 해결 방법은 망상이 떠오르더라도 거기에 끌려가지 않는 집중법을 연습하는 것입니다. 망상은 누구나 자리에 앉으면 떠오릅니다. 그 괴로움은 저 역시 마찬가지입니다. 그러나 명상 수련을 계속 반복하면서 집중하는 방법을 체득했기 때문에 망상이 떠올라도 마음을 뺏기지는 않습니다. 뺏기더라도 금방 돌아와서 다시 집중할 수 있습니다. 오늘부터 하루 중 짧은 시간이라도 꼭 명상 수련을 실천해보세요.

두 번째 고민이라는 외로움에 대해서도 생각해봅시다. 외로움도 인간의 근원적인 번민 중 하나죠. 더구나 팔팔한 이십 대, 나이가 나이이니만큼 이 외로움을 어떻게 해결하겠습니까?

해결까지는 안 되겠지만 도움이 될 만한 방법으로는 크게 두 가지가 있습니다. 첫 번째 방법은 자기가 원하는 일에 몰두하는 겁니다. 나에게 진짜 급한 일이 생겼다면 길을 가다가 예쁜 여자를 봐도 눈여겨보지 않을 겁니다. 사명감이나 의무 때문에 하는 일이 아니라 내가 진짜 좋아서 미친 듯이 빠져 있는 일을 하고 있다면 텔레비전이나 영화를 보자고 꼬드기는 친구의 꾐에도 넘어가지 않지요. 한 예로 노름꾼이 노름할 때는 마누라가 불러도 자리에서 일어나지 않는다는 말이 있습니다. 노름에 정신이 팔려 있으니 성난 마누라의 눈빛이나 말도 머리에 떠오를 틈이 없죠. 이렇듯 자기 일에 몰두하면 다른 생각이 조금 덜 떠오릅니다. 지금 몰두가 잘 안 되는 이유는 지금 하는 공부가 절실히 필요하고 원하는 일이 아니라 좋은 직장이나 학벌을 위해서 의무적으로 하는 것이기 때문입니다. 그러니 공부 중에 딴생각이 떠오르고 틈틈이 외로움이 나를 괴롭히게 되는 거죠.

외로움을 달랠 두 번째 방법은 나이에 어울리게 친구와 만나서 하고 싶은 이야기를 충분히 나누는 겁니다. 다만 돌아와서 내가 이미 행해버린 것에 대해 후회하지는 마세요.

'오늘 오랜만에 잘 놀았다. 간만에 수다를 떠니까 스트레스도 좀 풀린 것 같네. 이제 다시 공부해야지.'

공부하다가 외로움에 망상에 빠져 점점 어두워지는 것보다는 차라리 놀 때 화끈하게 놀고 돌아와서 다시 집중해서 공부하는 편이 백 번 현명한 길입니다. 놀고 와서 공부 안 하고 놀고 왔다는 후회로 시간을 보내는 것처럼 어리석은 일이 어디 있습니까. 그것이야말로 이중 낭비죠.

하루 10시간 공부하겠다는 각오를 세웠다고 가정합시다. 마음먹은 것처럼 몸이 움직이질 않습니다. 책상 앞에 앉아 있지만 외로워서 망상 피우는 데 3시간을 보내고 7시간 공부하는 것이나 3시간 친구 만나서 놀고 돌아와 7시간 공부하는 것이나 마찬가지예요. 결국은 시간을 어떻게 효율적으로 보내느냐의 문제죠. 책상 앞에 앉아만 있다고 그 시간 모두 공부가 되는 것은 아니잖아요.

내가 놀고 싶어서 이미 밖에 나가서 놀았다면 그것을 부정적으로 보지 마세요. 놀고 돌아와서 '아이고, 왜 놀았노! 또 시간을 그냥 다 보냈네.' 하며 자책합니다. 마치 넘어진 사람이 벌떡 일어나서 앞으로 갈 생각은 안 하고 주저앉아서 '나는 왜 넘어졌지? 또 넘어졌네.' 하는 것과 마찬가지입니다. 좌절과 절망이죠.

반대로 넘어지더라도 벌떡 일어나 앞으로 가면 넘어진 것이 연습이 됩니다. '다음에는 넘어지지 말아야지.' 하고 마음먹었음에도 다시 넘어지면 '세 번이나 넘어졌잖아.' 하고 넘어가면 되지 결코 절망할 일이 아닙니다. 세 번 넘어졌든 열 번 넘어졌든 그 횟수는 중요하지 않습니다. 그냥 '넘어졌네. 그럼 일어나야지.' 하고 간단히 생각해버리세요. 일어나서 다시 앞으로 가다가 또 넘어지면 '또 넘어졌구나. 그럼 또 일어나야지.'라고 생각하면 됩니다. 이렇게 하면 앞으로 나갈 수 있습니다. 주저앉아서 나는 세 번 넘어졌다, 열 번 넘어졌다고 셀 필요가 없습니다. 그러니 실패를 좌절과 절망으로 보지 말고 연습으로 받아들이세요.

우리가 살아가야 할 세상은 우리가 만들어야지, 아무도 만들어주지 않습니다. 그래서 우리 한 명 한 명이 사물을 긍정적으로 보고 도전하는 마음 자세를 가져야 합니다. 우리가 살고자 하는 세상, 바람직한 세상을 힘을 합해서 함께 만들어 가는 노력을 우리는 '희망'이라고 부릅니다. 청춘들은 도전 의식이 있을 때 어떤 일을 해도 잘할 수 있습니다. 그러니 모든 사물을 좀 더 긍정적으로 보고 도전하는 자세를 잊지 마세요.

도전과 포기,
회색 미로 속의 내일

04.

"스무 살 때 대학에 합격했는데, 예술 전공이라는 특성상 상위 사람을 제외하면 불안하고 안정적이지 않아서 중간에 그만뒀어요. 그 뒤로 중소기업에 다니면서 다시 공부를 시작했습니다. 일을 해보니 중소기업은 연봉도 굉장히 적고 멀티플레이를 요구하더라고요. 그래서 공부를 더해 나의 가치를 높여야겠다는 생각이 들었어요. 지금은 심리학을 공부하고 있습니다."

"본인이 필요하다고 느끼고 공부를 다시 시작했으니 굉장히 열심히 할 것 같네요."

"불평불만을 하는 건 아니에요. 심리학이라는 학문을 공부해보니 대학만 졸업해서는 부족한 것투성이예요. 심리학 전공을 살리려면 석사 학위가 거의 필수적이에요. 몰랐던 일은 아니지만 남들보다 뒤늦게 시작한 저로서는 서른 살이 넘어가는 나이도 부담스럽고 대학원의 무거운 학비도 난제에 가까웠어요. 결국 현실과 타협을 하자 싶은 마음에 취업하려고 마음먹었어요."

"네, 그런데요?"

"제가 일하고 싶은 기업이 있습니다. 제가 입사하고 싶어하는 기업이라면 남들도 선호하는 좋은 직장이겠죠. 취업을 준비해보니 진심으로 그 회사에 들어가고 싶은데 제 발목을 잡는 게 너무 많아요."

"다른 사람도 선호하는 기업이라면 대기업이겠군요."

"네, 큰 회사죠. 제가 그다지 좋은 학벌도 아니고 그 흔한 백이 하나 있는 것도 아니고, 요즘 대학생이라면 누구나 거친다는 어학연수를 다녀온 것도 아니고, 영어 공부를 열심히 해서 어학 점수가 높은 것도 아니에요. 제 이상과 현실 사이의 괴리가 뼈저리게 느껴진다고 할까요? 밤에 자리에 누워 곰곰이 생각하면 내가 노력하면 그까짓 것 못 들어가겠느냐 싶다가도 아침이면 나보다 나이 어리고 똑똑한 아이들이 수두룩한데 과연 내 자리가 있을까 회의적인 생각이 들어요."

"불안하고 초조한 심정이라 이거죠?"

"밤에 잠을 못 잘 정도예요. 제 또래 친구들은 사회생활을 이미 시작한 경우가 많은데 입사 전에 취업 원서를 70장을 썼다는 둥 80장을 썼다는 둥 이야기하거든요. 너무 가고 싶은 회사지만 내 위치가 여기까지밖에 되지 않으니까 그냥 포기를 해야 할까 싶은 마음도 있어요. 한편으로는 너무 들어가고 싶은 회사니까 꼭 해보자 하는 마음도 있고요. 제 마음이지만 도대체 갈피를 잡을 수가 없어요. 어떻게 하면 자격지심이나 불안감을 떨쳐버리고 '그래, 할 수 있어.' 하는 생각으로 긍정적으로 취업 준비를 할 수 있을까요?"

미래에 대한 불안과 그에 따른 초조함은 이 시대 청춘들이 공통으로 느끼는 심리입니다. 고민을 이야기한 이분은 위로해 드려야 할 분이에요. 하지만 위로한다고 인생이 특별히 변하는 것이 없잖아요? 마음은 아프지만 직설적으로 그냥 따끔하게 답변을 하겠습니다.

"지금 그런 수준으로는 아무것도 못 합니다."

이 말은 분명 듣기 좋은 말이 아닙니다. 더구나 오해의 소지가 가득한 말이기도 하죠. 제가 말한 '그런 수준'이란 학력이나 재능, 경력이 부족하다는 뜻이 아니니 오해는 하지 마시길 바랍니다. 이렇게 마음이 약하고 본인 스스로 우왕좌왕하는 마음으로는 어떤 일도 이루기 어렵다는 뜻입니다.

비유하자면 마치 가을바람에 떠도는 낙엽과도 같습니다. 가을이면 찬바람을 따라 낙엽이 하늘로 올라갔다가 또 땅으로 내려갔다가 하면서 이쪽저쪽으로 휩쓸리며 날아다닙니다. 낙엽이 저 홀로 높이 솟았다가 이리저리 움직이는 것 같지만, 바람이 불면 어느 개울에 떨어질지도 모르는 게 낙엽의 신세죠. 이와 같이 이리저리 흔들리는 인생은 바람에 휘날려 다니며 죽을 때까지 방황만 하다가 결국은 생을 마감하게 됩니다.

한 선사가 남긴 이야기를 하나 소개할까 합니다. 어느 스님이 《법화경(法華經)》이 좋다는 말을 듣고 《법화경》을 3,000번 읽었습니다. 그리고 《법화경》을 등에 메고 다녔어요. 그러던 어느 날 혜능이라는 선승이 글자도 모르고 경도 모르지만 깨달음을 얻었다는 소문을 듣습니다. 스님은 글도 모르고 경도 모르는데 어떻게 깨달음을 얻을 수 있겠는가. 그런 미친놈이 있느냐며 내가 가서 혼내줘야겠다고 《법화경》을 메고 혜능선사를 찾아갑니다.

찾아갔으니까 인사를 해야 하는데 마음속에 아만(我慢)이 있으니까 절을 해도 머리가 땅에 닿지 않았습니다. 그 모습을 보던 선사가 "고개 숙이기가 싫어 이마가 바닥에 안 붙는 것을 보니 네 마음속에 필시 아만이 있구나. 먼저 내어놓아라."라고 말했습니다. 그러고는 네가 무엇을 익혀 나를 찾아왔느냐고 물었습니다. 그러자 스님이 "제가 《법화경》을 3,000번 읽었습니다."라고 자랑삼아 대답했습니다.

선사가 다시 "네가 《법화경》을 3,000번 읽었다면 《법화경》의 대의가 무엇인지도 알겠구나."라고 했습니다. 그랬더니 이 사람이 "잘 모르겠습니다."라고 고백했습니다. 사실 선사를 찾아간 데는 아무것도 모르는 것이 아는 체한다며 깨우쳐주려는 심정도 있었지만 3,000번이나 읽어도 뜻을 잘 모르겠으니까 큰 스승에게 묻고자 했던 이중적인 마음도 숨어 있었던 것입니다.

그러니까 선사가 "나는 글자도 모르고 경을 읽어본 적이 없으니 네가 한번 읽어봐라."라고 했습니다. 3,000번을 읽었으니 경을 줄줄 외우고 읽었죠. 가만히 듣던 선사가 "그만해라. 《법화경》의 대의는 이런 것이다." 하면서 《법화경》의 뜻을 풀어주었습니다. 선사의 풀이를 듣고 《법화경》의 대의를 이해한 이 스님이 크게 감동하고 마음의 문을 열었다는 이야기입니다. 그때 선사가 이 스님에게 한 이야기는 이런 것입니다.

"지금까지는 네가 《법화경》에 굴림을 당했는데 이후로는 《법화경》을 굴리는 사람이 되어라."

《법화경》을 3,000번이나 읽었다고 하지만 지금까지는 《법화경》의 종노릇을 한 것에 지나지 않습니다. 굴리라는 말을 해석하면 더 쉽게 이해할 수 있습니다. 입으로 외우고 실제로 행동하면 이것이 곧 경의 주인이 되는 것입니다. 그러나 입으로는 외워도 실행하지 못하면 오히려 경에 굴림을 당하는 사람이라는 뜻이죠. 그러니 앞으로는 '네가 《법화경》을 굴리는 사람이 되어라.'라는 말이에요. 우리 식으로 말하면 '네가 스스로 주인이 되어라.'라는 말입니다. 또 다른 말로 표현하면 '세상에 굴림을 당하는 존재가 되지 말고 세상을 굴리는 존재가 되어라.'라는 뜻과도 통합니다.

우리는 세상에 굴림을 당하는 존재들입니다. 늘 남을 쳐다보고 남이 어떻게 하는지 그것에 따라서 정신없이 살아가는 존재들입니다. 앞에서 비유한 것처럼 가을 낙엽과도 같이 말입니다. 그러지 말고 내가 스스로 세상을 굴리는 자가 되어 살아야 합니다.

세상을 굴리는 방법이란 크게 다르지 않습니다. 세상의 잣대가 어떻든 세상이 어떻게 흐르든 나만의 관점으로 옳고 그름을 판단하는 눈이 있어야 합니다. 남들이 전부 자동차를 산다고 돈이 있으니 나 역시 남들 따라 무조건 자동차를 사는 건 옳지 않습니다. 내가 생각을 해보니 '집이 가까우니 걸어 다니면 건강에도 좋고, 에너지도 절약되고, 기름 값이나 차량 유지비가 안 들어가니까 돈도 절약되고, 석유를 안 쓰고 온실가스도 배출을 안 하니 지구환경 보전도 되네. 나는 차 살 돈으로 다른 걸 하고 자동차 없이 살겠어.' 이렇게 자기만의 지조를 세우고 실천하는 겁니다. 자동차 한 대를 운행하지 않으면서 얻어지는 이익이 얼마나 많습니까? 건강부터 호주머니 사정과 환경문제까지, 일거삼득인 셈이죠. 그래서 '나는 차를 사기보다는 걸어 다니는 걸 택했습니다.' 하는 지조가 있어야 합니다.

앞에서 고민을 상담한 분은 남들 따라 이럴까 저럴까 번민합니다. 꿈을 향해서도 도전하자니 제약이 많다고 하고, 포기하자니 꿈이 아깝다고 호소하셨죠. 그런데 아직 새파란 이십 대 청춘이 벌써 이렇게 비굴해져서 이리저리 세태 눈치를 보면서 살아서야 어떻게 하겠습니까? 꼭 이 사람뿐 아니라 이와 비슷한 현실과 이상 사이의 괴리감에 고통받는 청춘들이 적지 않을 겁니다.

우리 인생은 꼭 어떤 것이 좋고, 어떤 것은 나쁘다는 절대 가치가
있는 것이 아닙니다. 그러므로 이십 대 때는 친구들과 어울려서
새로운 것들을 창조해보는 것도 좋습니다.
경험 부족으로 실패할 수도 있습니다.
하지만 제가 늘 말하듯 실패는 성공의 어머니입니다.

그런데 이것은 우리가 사는 지금, 삶의 방향이 잘못되었다는 반성이 들지 않습니까? 취업을 준비하는 사람 대부분, 거의 90퍼센트 이상이 대기업만 기대하는데 중소기업에 취직하는 것도 현실적으로 나쁜 방법이 아닙니다. 규모가 작은 회사이기 때문에 장점도 여러 가지 있습니다. 혼자서 여러 가지 일을 할 수 있죠. 영업, 홍보, 회계 등 회사에서 필요한 실무를 돌아가며 배울 수 있습니다. 나중에 창업하게 되면 귀한 경험을 익힌 셈이라 매우 유리합니다.

큰 회사에 입사하면 기계 부속품처럼 아주 작은 한 부분의 역할밖에 할 수 없습니다. 큰 회사에서 명퇴 등으로 퇴사하면 할 수 있는 게 아무것도 없다고 호소하는 사람을 여럿 보았습니다. 그 회사의 부속으로 있을 때는 기능을 했는데, 회사에서 나오니까 쓸모가 하나도 없다는 겁니다.

우리 인생은 꼭 어떤 것이 좋고, 어떤 것은 나쁘다는 절대 가치가 있는 것이 아닙니다. 그러므로 이십 대 때는 친구들과 어울려서 새로운 것들을 창조해보는 것도 좋습니다. 경험 부족으로 실패할 수도 있습니다. 하지만 제가 늘 말하듯 실패는 성공의 어머니입니다. 창업이 어렵다면 작은 중소기업에서 일하면서 경험과 노하우를 쌓고 그 뒤에 다시 도전을 해볼 수 있습니다. 기회는 어떻게 보느냐에 따라 여러분 앞에 다가옵니다.

무엇보다 여러분에게 필요한 것은 공부입니다. 이 공부란 학문을 터득하는 순수한 의미의 공부는 아닙니다. 심리학을 공부하고 있다는 이야기의 주인공에게도 다른 관점에서 새롭게 보라고 권하고 싶습니다. 무슨 일을 하든지 그 일을 하는 인간의 심리가 어떤지를 잘 살피는 것이 성공 확률을 높입니다. 인간관계도 연애도 친구를 사귀는 일도 조직 생활에서도 인간의 마음이 움직이는 향방을 파악하고 깨달으며 연구하는 모든 것이 우리에게 공부입니다. 사건 하나를 바라보면서도 원인의 원인을 찾고, 그 원인은 찾다 보면 다음 문제가 나와서 집요하게 원인과 원인의 원인을 규명해 나가는 것이 바로 우리가 해 나가야 할 공부입니다.

사회문제든 국제 정세든 지구 환경 보호든 우리 주변에 관심을 두고 연구해야 할 과제는 수없이 많습니다. 이십 대 청춘에 걸맞게 하나하나 연구해 나가야지 무슨 무슨 스펙을 갖췄다고 능사는 아닙니다. 단적으로 영어 시험 점수가 조금 높다고, 영어를 잘한다고 바로 취직이 잘되나요? 영어가 필요한 것은 맞지만 영어가 전부는 아니에요.

그보다 중요한 것은 바로 자기 두 발로 딛고 두 눈으로 보고 세상을 살아가는 자세입니다. 그렇게 되기 위해서는 지식이든 학문이든 자기 것이 돼야 해요.

우리가 아는 지식이라는 것은 절대 가치로 믿을 게 못 됩니다. 지식이나 학문을 자기 것으로 만들기 위해서는 우리가 하는 공부가 살아있어야 합니다. 실제로 일어나는 일을 연구해서 만들어 가야 한다는 말입니다. 그러니까 심리학 공부를 예로 들어보죠.

연애하면서 때로는 상대가 왜 나에게 화를 내는지 의아할 때가 있습니다. 때로는 좋아하던 상대에 대해서 실망하는 경우도 있습니다. 밤이면 내가 잘하는 걸까 의문에 빠졌다가 아침에는 언제 그랬느냐는 듯 내 생각이 옳았다는 확신을 얻게 될 때도 있습니다. 이렇게 인간의 심리는 시시때때로 변하고 달라집니다. 이 변화가 바로 인간의 심리죠. 그러니 심리학이란 다른 멀리서 찾을 예제가 아니라 내 마음이 왜 하룻밤 새 변하는지, 왜 좋아하던 상대가 갑자기 싫어졌는지 내 심리부터 연구하는 게 좋겠죠. 내 심리를 연구하고 그 결과를 토대로 다른 사람에게 적용해보면 상대의 마음을 이해할 수 있겠죠. 이 주제로 글을 쓰면 새로운 연구 결과로 박사가 될 수 있습니다.

남 따라서 얼떨결에 그냥 물길 흐르는 대로 홍수에 나무토막 휩쓸리듯 인생을 이렇게 살면 안 됩니다. 홍수로 격류에 휩쓸렸다가 구사일생으로 살아난 사람들의 이야기를 들어보면 나무뿌리라도 손에 쥐고 기둥처럼 단단히 붙잡고 있었다는 말을 합니다. 그냥 물결에 떠밀려 가는 편이 더 쉽겠죠. 하지만 그것은 그냥 부평초 같은 인생이라고 말합니다.

어떻게 하면 자격지심을 버리고 긍정적인 마음으로 취업 준비를 할 수 있느냐고 묻는 질문 앞에 저는 "그런 식으로 하면 될 일도 안 됩니다."라고 독설에 가까운 답변을 주었습니다. 이렇게 독설을 하는 이유는 내 꿈을 밥벌이로 생각하고 공부도 필요에 의해서가 아니라 의무로 하는 억지 공부이기 때문에 답답한 마음으로 뱉은 소리입니다.

문제는 개인의 자세에서 오는 것도 있고 제도적 모순에서 오는 것도 있습니다. 내 동료나 친구를 밟고 올라가 꼭대기를 차지해야 하는 사회 시스템 속에서 우리는 살고 있습니다. 학벌이나 스펙을 쌓겠다는 것도 이 사회구조에서 살아가자니 남들 따라 나도 해야 할 일로 생각한 것이죠. 그렇다면 내가 만약 자격증을 두 개 땄다고 가정해봅시다. 그런데 누군가는 세 개를 땄다면 그 사람이 올라가겠죠. 내가 네

개를 따면 다른 사람은 다섯 개를 따고 올라갈 테고요. 유학을 다녀오고 박사 학위를 따도 해결되지 않습니다. 이 경쟁 구조가 계속되는 한 하나님이 와도 부처님이 와도 해결할 수 없습니다.

결국 여러분이 원하고 남들이 선망하는 직업은, 이를테면 돈도 많이 벌고 폼도 나고 일도 쉬운 그런 직업은 열 명 중 한두 명밖에 갈 수 없는 자리예요. 그 자리를 위해 수천 명의 사람이 무한 경쟁 속에서 남들처럼 똑같이 살아가는 것이죠.

물론 그 경쟁 속에서 얻는 것도 있습니다. 열심히 취업 준비를 한 덕분에 영어도 잘하고 다른 외국어까지 공부해서 3개 국어에 능통해졌습니다. 이런 일은 취업이 아니라도 결과적으로 나에게 좋은 일입니다. 우리가 세상을 살아가는 데 상식적으로 필요한 공부들이 있습니다. 그 공부는 등수나 학벌과 관계없이 공부해야 해요. 반드시 필요하니까 말이죠. 그런데 목표를 잃고 등수나 학벌에만 매달려서 살면 결국은 열등의식 속에서 살아야 합니다.

그러지 않으려면 삶에 적극적으로 임하는 것이 좋습니다. 마음가짐을 이렇게 먹고 길게 보는 안목으로 공부해야 합니다. 한마디로 정신 똑바로 차리고 살라는 뜻입니다. 아침에 일어나면 마음이 이리저리

왔다 갔다 하는 것도 결국 인생에 중심을 못 잡아서 그렇습니다.

  정신이 건강해야 삶에도 긍정적인 기운이 생깁니다. 이십 대 청춘이 겨울철 추위에 덜덜 떨듯이 인생을 살면 희망이 없습니다. 우리가 움츠러들 이유가 뭐가 있나요? 한 명 한 명 귀하고 귀한 자식인데. 여러분들 뭐가 못났다고 움츠러듭니까? 지금 당장 굽어진 어깨를 활짝 펴세요. 그리고 크게 소리를 지르세요. 긍정의 힘이 내 온몸으로 퍼질 겁니다.

내 꿈의 방해꾼과 길 찾기

05.

고등학생 때부터 지금까지 한 번도 의욕적인 태도와 미래에 대한 희망을 품어본 적이 없다는 청춘을 만났습니다. 그래서 이 사람은 이십 대 초반의 나이에도 항상 무기력함과 지겨움을 느끼며 생활한다는 겁니다. 이런 무기력증은 분명히 과거로부터 원인을 찾을 수 있습니다.

"초등학생 때부터 미술이 좋았어요. 그래서 고등학교도 그쪽으로 진학하고 싶었고요. 하지만 부모님이 심하게 반대하셨어요. 저 역시 내가 재능이 있을까 걱정하며 자신감이 부족했죠. 그래서 그냥 남들처럼 고등학교에 들어갔고 똑같이 공부했습니다. 의욕이 없다고는 말씀드렸지만 그렇다고 제게 주어진 일을 열심히 하지 않았던 건 아니에요. 공부는 항상 열심히 했어요. 단지 무덤덤하게 할 일을 하고 있을 뿐이에요. 지금 스님께 묻고 싶은 것은 하기 싫은 일을 계속해 온 탓인지 아무것도 하고 싶은 일이 없다는 거예요."

"지금 무슨 전공을 공부하나요?"

"국문학과요."

"문학에는 관심이 별로 없어요?"

"네, 별로 관심이 없어요."

"허허, 이런. 그러면 본인이 좋아한다는 미술 관련 학과로 과를 옮기지 그래요?"

"솔직히 미술을 전공하려던 마음은 이미 고등학생 때 접었어요. 지금은 그냥 주어진 것 열심히 하려고 생각해요."

학창 시절부터 무덤덤하게 할 일을 열심히 하고 있다는 이 사람의 말. '열심히'는 과연 뭘까요?

"그림 그리는 일을 지금도 좋아하나요? 그림을 그리면 재미가 있어요?"

"네, 지금도 좋아하고 그림 그리기는 재미있어서 해요."

"그러면 국문학과는 다니되 틈나는 대로 그림을 그리세요. 학교는 낙제 안 하고 졸업할 정도로 대충 다니고 내가 좋아하는 그림을 계속 그리세요."

"그런데요, 스님. 제가 너무 성실한 성격이라서 공부를 열심히 해요. 대충 학교에 다니는 게 안 돼요."

"학교 공부는 성실하게 하면서, 지금 내 마음이 위축돼 있으니까 다른 방식으로 기분 전환을 하지 말고 그림 그리는 데서 즐거움을 찾으라는 말이에요."

분명히 그림을 그리는 일은 내가 좋아서, 내가 재미있어서 저절로 할 것입니다. 이렇게 학교 공부와 별도로 내 기분을 전환할 방법을 찾아 하면 일단 무기력했던 마음에도 생기가 조금은 돌 거예요. 무기력감과 지루함을 느끼는 지금 상태로 그대로 두면 우울증에 걸려 정신과 치료를 받아야 할지도 모릅니다.

그림 그리는 걸 부모님이 여전히 반대해도 크게 신경 쓰지 마세요. 설령 부모님이 캔버스를 집어 던지며 반대해도 다시 주워 와 "네, 알았어요." 하고서 그냥 그리면 됩니다. 부모님을 원망할 일도 주눅이 들어 의기소침해질 일도 아닙니다. 옷이나 가방을 사라고 용돈을 주시면 그림 재료를 사세요. 돈을 주신 엄마에겐 설명이 필요하겠죠.

"엄마, 나는 옷은 아무거나 입어도 되는데 그림은 그려야 해. 엄마 시키는 대로 공부는 할 거야. 그런데 그림은 그려 가면서 공부할게요." 내가 하고 싶고 좋아하는 일은 그림 그리기가 유일합니다. 주변에서 뭐라고 해도 내가 하고 싶은 일을 하면서 스스로 중심을 세우세요. 반대하는 엄마에게는 이렇게 항변해도 좋습니다. "내가 무슨 나쁜 짓을 하는 건 아니잖아. 내가 지금 무슨 술을 먹나, 도둑질을 하나, 살생을 하나? 아니면 거짓말을 하나? 엄마, 그림 그리는 거 외에는 아무것도 없는데 뭐가 문제야?"

마음의 중심을 잡아서 세우고 그림은 취미 삼아 그냥 그리는 겁니다. 국문학과를 졸업한 뒤 취직해서 직장에 나가도 상관없어요. 직장을 다니면서 틈나는 대로 내가 그리고 싶은 방식대로 그리세요. 남의 평가도 따지지 말고 알아주기를 바라지도 말고요. 너무 많이 쌓이면 가까운 사람에게 선물로 주고 어떤 사람에게는 종이나 물감 값만 받고 주세요. 자꾸 이렇게 하다 보면 그림 그리기는 나에게 자긍심을 주는 하나의 중요한 도구가 됩니다. 10년, 20년 뒤에는 유명 화가로 평가받을 수도 있어요. 자기 혼을 불어넣은 생명 넘치는 그림을 그렸다면 말이죠.

내가 하고 싶은 일에 소신이 있을 때는 부모님은 물론 주변의 다른 사람 의견을 귀담아듣을 필요 없이 내 마음이 하는 소리에 귀 기울이세요.

그림을 그리기 위해 꼭 미술대학에서 공부할 필요는 없어요. 미술대학이 좋은 것만은 아니거든요. 미술을 전공하면 '그림'을 좋아하기보다 그림 그리기를 '돈벌이'처럼 직업적으로 생각하기 쉬워요. 그러면 좋은 그림이 나올 수가 없죠. 돈벌이 수단으로 기교를 부리는 그림은 예술이 아니에요. 그러니까 지금 내가 국문학과에 다니고 취직을 했다고 예술을 못 한다는 생각은 버리세요. 그렇게 이분법적으로 생각하지 마세요. 내가 좋아하는 마음만 있다면 예술은 어떤 상황에서도 얼마든지 할 수 있어요.

학교 공부를 등한시하고 하지 말라는 이야기가 아닙니다. 다만 하기 싫은 걸 억지로 하지는 말라는 이야기입니다. 우리 인생은 하고 싶어도 멈춰야 하는 일이 있고, 하기 싫어도 억지로 해야 하는 일들이 있어요. 이를테면 살생하는 건 하고 싶더라도 안 해야 할 일이죠. 물에 빠져 죽어 가는 사람이 있다면 힘이 들어도 건져서 구해줘야 해요. 도둑질은 하고 싶더라도 하지 말아야 하는 일이고, 불쌍한 사람을 보면 도와주는 일은 돈을 좀 빌려서라도 해야 해요.

그런 의미에서 국문학과 공부는 내가 하기 싫으면 안 해도 돼요. 안 한다고 세상에 피해를 주는 건 아니잖아요? 공부를 안 하면 그 결과,

내가 학점이 조금 떨어지는 것밖에 없어요. 그림 그리고 싶은 건 내가 한다고 남한테 피해 주는 일이 아니에요. 돈이 조금 들고 시간이 들 뿐이죠. 그런 원칙을 갖고 스무 살이 넘었으니까 더 이상 엄마, 아빠가 어떻다는 이야기는 할 필요 없이 하고 싶은 일을 하세요.

"어릴 때 부모님과 사이는 어땠나요?"

"부모님이 엄격한 편이라 어릴 때부터 어른들 말씀에 순종하는 성격이었어요. 그러다 보니 의기소침하고 주눅이 든 아이였던 것 같아요. 제 성격이 조금 소극적이기도 하고요."

어릴 때 부모님이 내가 하고 싶은 일을 못 하게 한 이유는 뭘까요? 부모님이 왜 그러셨을까 되짚어봅시다. 지금처럼 나를 괴롭히려고 그랬을까요? 엄마, 아빠가 우리 딸이나 아들을 잘 키우려고 그랬을까요? 당연히 부모님은 보기에 번듯하게 잘 키우려고 반대하신 겁니다. 인생을 먼저 살아온 경험으로 고된 길을 가려는 자식을 말리신 거죠. 이 친구처럼 그림이 예가 될 수도 있고 다른 여러 가지를 꿈꾸던 나에게 부모님의 반대가 장애물로 작용한 경우 모두 비슷합니다. 하지만 내가 하고 싶은 일을 반대했다고 부모님을 미워해서는 곤란합니다. 미움보다 오히려 고마워해야 합니다.

스무 살이 넘었는데 아직까지 엄마, 아빠가 시키는 대로 따라 하는 사람은 바보예요. 또 어릴 때 엄마, 아빠가 내가 하고 싶다는 일을 그냥 하게 내버려두지 않고 반대해서 내가 지금 이렇게밖에 되지 않았다며 부모님을 미워하는 사람도 바보예요. 내가 하고 싶은 걸 못 했다며 부모님을 미워하는 마음이 있다면 다 털어버려야 해요. 낳아주고 지금까지 키워준 것에 대해서는 고맙고 감사하게 생각해야죠. 하지만 스무 살이 넘었다면 성인이기 때문에 앞으로 계속 부모님 말을 들으면서 살 필요는 없어요.

물론 부모님은 지금까지와 마찬가지로 나에게 이런저런 간섭을 하실 겁니다. 그런데 지금 내가 벌어서 학교를 다닐 수 있습니까? 엄마, 아빠가 해주는 밥을 먹고 엄마, 아빠 집에서 생활하고 학비나 용돈도 받죠? 부모 자식이라는 관계를 떠나서 내 생활에 필요한 이런저런 지원을 하는 후원자라고 생각하면 간섭은 조금은 감수해야 해요. 엄마, 아빠가 뭐라고 야단하면 그 심정을 이해하니까 "네, 알았어요."라고 대답하면서 나는 하고 싶은 일을 그냥 하는 거예요. 입으로만 대답하고 말을 안 듣는다고 야단하시면 "죄송해요. 다음부터는 잘할게요."라고 해주세요.

그렇지만 부모님의 간섭에 내 인생을 전부 맡기면 안 됩니다. 내 인생은 엄마, 아빠의 인생이 아니라 내 인생이기 때문입니다. 내가 가야 할 인생은 엄마, 아빠 인생이 아니니까, 내 갈 길을 찾아가야 합니다. 부모님이 야단하시면 "죄송해요."라고 대꾸하면서도 내가 하고 싶은 대로 해버리세요. 그러면서 내 인생이 온전히 내 것으로 바뀝니다. 더 이상 부모님의 간섭 아래 영향을 받는 게 아니라 내가 선택한 결과로 변하는 것이죠.

부모님 입장에서 생각하면 아들딸 잘 키운다고 최선을 다했는데 지금 이 사람처럼 엄마, 아빠 때문에 괴롭다는 자식들이 천지예요. 그러니까 부모가 가장 원수예요.

재미있는 이야기를 하나 해 드리죠. 위대한 성자나 위인이 되는 데 최고의 방해꾼이 누굴까요? 정답은 첫 번째는 부모님, 두 번째는 아내나 남편이에요. 부처님이 스물아홉에 출가를 하셨는데 그때 부모님이 반대했을까요, 찬성했을까요? 안중근 의사가 하얼빈 역으로 이토 히로부미를 사살하러 나갈 때 어머니가 찬성했을까요? 윤봉길 의사가 일본 천황의 생일날 행사장에서 폭탄을 터뜨렸을 때 부모님이 반대했을까요, 찬성했을까요?

단적으로 말합니다만, 부모님 말을 들었다면 이분들은 위인이 되지 못했어요. 부모도 자식이 부모 말을 안 들을 때 속상해하지 말고 '우리 애가 큰 인물이 되려고 그러나?' 하고 생각하세요.

스무 살 미만으로 자식이 어릴 때는 부모가 따뜻하게 돌봐줘야 합니다. 지금의 부모님들은 따뜻이 돌봐주는 건 옛날보다는 잘해요. 과거의 부모님이란 자식들을 거의 방치하다시피 하셨거든요. 문제는 자식들이 사춘기를 넘어가면 정을 떼고 자립심을 키워줘야 하는데, 여전히 애완용 동물처럼 손안에서 돌보기만 하는 것이죠. 그 덕분에 남자 친구 사귈 줄도 모르고, 직장도 스스로 구할 줄 모르고, 스스로 자기가 할 줄 아는 게 없어요. 이런 결과는 전부 부모 탓이에요. 이런 건 사랑이 아니에요. 사랑은 어릴 때는 따뜻한 게 사랑이고, 사춘기 때는 지켜봐주는 게 사랑이고, 스무 살이 넘으면 냉정하게 정을 끊어주는 게 부모의 사랑입니다.

사랑이 처지에 따라 달라지는데, 이걸 할 줄 몰라서 애는 애대로 쓰고, 고생은 고생대로 하면서, 자식은 자식대로 안되죠. 그 정도로 끝나는 게 아니에요. 자식만 피해자가 아니에요. 인과응보라, 과보가 반드시 돌아옵니다. 부모가 자식을 책임지는 문제만 생각해도 그렇죠.

지금은 죽을 때까지 자식을 돌보고 책임져야 하잖아요. 옛날에는 가난한 형편에도 자식을 일고여덟 명씩 낳고 힘들었어요. 그 자식들이 열일곱, 열여덟 살만 되면 남의 집 머슴살이를 하든 뭘 하든 자기 밥벌이를 해서 부모를 봉양했어요. 이런 자녀 양육법은 간섭을 안 하면서 키우는 거죠.

제가 인도에서 수자타아카데미를 통해 아이들을 돌보는 사업을 하고 있습니다. 이 아이들은 어릴 때 부모에게 버림받아 반은 죽고 반은 살다시피 한 아이들로 학교도 못 다니는 형편이죠. 이 아이들은 중학생만 되면 벌써 어른이에요. 왜냐고요? 부모가 어릴 때 돌보지 않았듯이 어른이 되어도 간섭하는 사람이 없습니다. 그러니까 금방 어른이 돼버려요. 몸뚱이 크는 만큼 자기 인생, 자기가 살아야 하니까 그렇습니다. 어떤 방법이 더 좋은 것인지는 저도 잘 모르겠습니다.

그렇다고 부모님 말에 무조건 반항하고 싸우라는 뜻은 아닙니다. 내가 하고 싶은 일에 소신이 있을 때는 부모님은 물론 주변의 다른 사람 의견을 귀담아들을 필요 없이 내 마음이 하는 소리에 귀 기울이라는 뜻입니다. 내가 더 잘되라고 내 꿈에 반대하는 부모님께 미안한 이야기지만 나는 내 길을 갈 뿐입니다. 엄마가 반대하는 건 엄마 생각이죠. 내 인생은 나의 것이니 그냥 내 길을 가면 됩니다. 이렇게 집에서부터 노력하면 밖에서 다른 사람과 만나는 대인 관계도 지금보다 훨씬 좋아질 겁니다.

마음의 감옥

06.

무엇을 해야 남에게 도움을 주면서 나도 행복하게 살 수 있을까 고민하는 분이 있습니다.

"제가 세상을 보는 눈이 너무 어두워 무엇을 해야 할까 생각해봐도 모두가 마음에 들지 않습니다. 모두들 진리를 말하지만 그것은 자신이 믿고 싶은 것, 보고 싶은 것, 듣고 싶은 것일 뿐 명확한 답을 내리고 있지 않습니다. 저도 그중 하나를 믿고 싶고 그래서 힘을 내고 싶지만 믿기지가 않습니다. 주위에서는 허무주의자라고 말하더군요. 제가 할 수 있는 일은 하루하루 살아가는 것밖에 아무것도 없습니다."

이런 이야기를 글로 읽으면 '요즘 젊은이답지 않게 거국적으로 좋은 생각을 한다.'라고 보는 사람도 있을 겁니다. 하지만 가만히 들어보면 이 사람은 욕심이 너무 많아요. 나도 좀 잘 살고 남한테 좋은 일도 하겠다는 생각부터 욕심이에요. 어떤 사람이 제게 찾아와서 말합니다.

"스님, 결혼도 하고 싶은데, 한편으로는 출가해서 스님처럼 살고도 싶어요."

이런 말을 들으면 '어떻게 젊은 사람이 이런 마음을 먹었나?' 하면서 기특해할 일입니까? 아닙니다. '이 사람은 욕심 덩어리로구나.'라고 생각해도 좋습니다. 그 이유는 뭘까요? 출가한 스님이나 신부님처럼 종교에 귀의해 다른 사람들에게 존경도 받고 싶고, 다른 한편으로는 결혼해서 아기자기한 쾌락과 행복도 누리고 싶은 마음이 공존하는 겁니다. 놀부가 두 손에 떡을 들듯이 양손에 존경과 쾌락 두 개를 움켜쥔 형상이죠. 그래서 갸륵한 마음이 발심한 것이 아니라 욕심이라고 말한 겁니다.

질문한 양반도 뭔가 듣기에는 거창하고 좋은 말 같지만 사실은 욕심이 너무 많아요. 욕심이 많으니까 눈앞에 뭔가가 가려서 아무것도 보이지 않죠. 우리가 자주 하는 말 중에 "욕심에 눈이 어두워 ○○한다."라는 말이 있습니다. 또 하나 눈과 관련된 말 중에 화가 너무 날 때 "눈에 보이는 게 없다."라고 말합니다. 눈이 어둡다 혹은 눈에 뵈는 게 없다는 말은 모두 '어리석다'는 뜻을 포함하고 있습니다. 화가 나면 사람이 어리석어지고, 욕심이 많아도 어리석어집니다. 평소 같으면 이성적으로 생각해서 저지르지 않을 일을 살짝 욕심부리면 과용하고 판단도 흐리게 되죠. 눈에 뵈는 게 없다는 것은 그래서 오히려 일을 그르친다는 뜻이에요.

지금 인생의 갈피를 못 잡고 할 수 있는 일이라고는 하루하루 살아가는 것밖에 없다고 말하는 것도 자신의 욕심이 너무 많기 때문입니다. 먼저 욕심을 버려야 해요. 그렇지만 '욕심'이 버린다고 해서 버려지는 것은 아니죠.

이렇게 한번 생각해보세요. 지난여름 장마에 농사를 망쳐서 북한에 굶어 죽은 사람이 많다고 해도 내가 모르면 괴로움이 됩니까, 안 됩니까? 구제역 때문에 소를 수천 마리 생매장했다는데 그 시간에 나는 인도나 히말라야를 여행하다가 돌아왔어요. 그러면 소를 생매장한 사건이 나에게 괴로움이 됩니까, 안 됩니까? 안 됩니다. 나한테 괴로움이 되는 건 실제가 무엇이냐가 아니고 내 마음이 어떤가의 문제예요. 예를 들어 밤에 비단 이불을 덮고 따뜻하고 편안한 잠자리에서 자다가도 강도에게 쫓기는 꿈을 꾸면 괴로워요, 안 괴로워요?

주위에 아무 일 안 생겨도 마음에서 그 환영에 사로잡히면 괴로움이 생기고, 주위에서 난리가 일어나도 내 마음에 아무런 작용이 안 일어나면 괴롭지 않습니다. 그러니 나의 괴로움은 내 마음에서 일어나는 거지, 바깥 문제 때문에 일어나는 것이 아닙니다.

그런데 우리는 착각을 하고 있어요. 남편이 술 마시고 늦게 들어와서, 바람을 피워서, 아내가 내 부모님이랑 사이가 안 좋아서, 자식이 공부를 안 해서, 대학까지 공부시켜놨더니 다 큰 자식이 취업도 못 하고 집에 있어서, 직장을 얻지 못해서……. 내 마음이 괴로운 건 이것 때문이라고 이야기합니다. 아닙니다. 내가 지금 괴로운 이유는 그것 때문이 아니에요. 내 괴로움은 내 마음에서 일어나는 겁니다. 그러므로 내가 지금 어떤 문제 때문에 괴롭다고 할 때 외부의 사람이나 사물을 탓해서는 문제가 해결되지 않습니다. 괴로움의 원인은 외부에 있는 것이 아니라 내 마음속에 있기 때문입니다.

그러니 우리가 마음을 닦고 관리를 잘해야 합니다. 원효대사가 하신 말씀을 떠올려볼까요? 원효대사가 의상대사와 함께 당나라로 유학을 가던 길에 동굴에서 잠을 청하게 되었습니다. 한밤중에 목이 말라 일어나 어둠 속에 손을 더듬었더니 손끝에 물이 담긴 그릇이 닿았죠. 시원하게 목을 축이고 다시 잠을 청했습니다. 다음 날 일어나 보니 간밤에 마신 물은 해골에 고인 썩은 물이었습니다. 원효대사는 그곳에서 큰 깨달음을 얻고 말합니다.

心生則種種法生(심생즉종종법생) 마음이 일어나니 온갖 법이 일어나고

心滅則龕墳不二(심멸즉감분불이) 마음이 멸하니 감실과 무덤이 다르지 않네.

三界唯心萬法唯識(삼계유심만법유식) 삼계가 오직 마음일 뿐이요, 만 가지 현상이 오로지 식일 뿐이네.

心外無法胡用別求(심외무법호용별구) 마음 밖에 현상이 없거늘 어찌 따로 구하겠는가.

조금 쉽게 풀자면 '한 생각이 일어나니 갖가지 법이 일어나고, 한 생각이 사라지니 갖가지 법이 사라진다. 삼계가 허위이니 오직 마음

우리가 오늘 괴롭다고 아우성치는 것은 다 잠꼬대와 같습니다.
호랑이한테 쫓기는 꿈이든 강도한테 쫓기는 꿈이든 벼랑 끝에서
떨어지는 꿈이든 어떤 꿈을 꾸든지 눈만 뜨고 꿈에서 깨어나면
현실에서는 아무 문제도 없습니다. 그래서 우리의 일체 괴로움이란
눈만 뜨면, 즉 깨닫기만 하면 그냥 다 없어져버리는 거예요.

만이 짓는 것이다.'라는 뜻입니다.

또 다른 말로 예로부터 "일체는 유심소조(一體唯心所造)다."라는 말이 있습니다. 이때 '일체'는 온갖 '번뇌'라는 뜻이에요. '돌멩이가 내 마음에서 일어났다는 것이 아니라 모든 괴로움과 번뇌는 다 내 마음이 일으킨 것이다. 일체의 분별은 내 마음이 짓는 바다.' 이런 뜻이에요. 모든 것이 마음에서 일어나요. 우리가 '전도몽상(顚倒夢想)이다.', '착각이다.'라고 말하는 것은 다 마음에서 일어나는 괴로움을 두고 하는 말이죠.

그런데 내 마음에서 일어나는 것을 지금 바깥에서 누군가 나를 괴롭힌다고 착각하고 있습니다. 마치 꿈속에서 강도에게 쫓기던 사람이 '사람 살려!'라고 아우성치면서 지금 느끼는 괴로움이 강도 때문에 생긴 거라고 착각하는 것과 같습니다. 하지만 옆에서 그 소리를 듣는 사람이 보면 쫓아오는 강도가 있습니까, 없습니까? 오히려 '잠은 안 자고 무슨 헛소리를 하는 거야?'라고 하겠죠. 자는 사람은 죽을 듯이 괴로워하며 사람 살리라고 아우성을 치지만 깨어 있는 사람은 잠꼬대, 헛소리를 한다고 합니다.

우리가 오늘 괴롭다고 아우성치는 것은 다 잠꼬대와 같습니다. 호랑이한테 쫓기는 꿈이든 강도한테 쫓기는 꿈이든 벼랑 끝에서 떨어지는 꿈이든 어떤 꿈을 꾸든지 눈만 뜨고 꿈에서 깨어나면 현실에서는 아무 문제도 없습니다. 그래서 우리의 일체 괴로움이란 눈만 뜨면, 즉 깨닫기만 하면 그냥 다 없어져버리는 거예요.

그래서 깨달음이 중요하다고 말하는 겁니다. 그 깨달음은 마치 악몽에서 깨어나는 것과 같습니다. 눈을 꽉 감아 안 보이다가 눈을 떠보면 본래 아무것도 없었다는 것을 알게 됩니다. 괴로움이 있었는데 그 괴로움이 없어지는 게 아니고 본래 괴로울 일이 없었다는 겁니다. 아무 일도 없었는데 혼자 환영에 휩싸여서 괴로워했다는 것을 깨닫게 되지요.

《금강경》에도 그런 환영, 상(像)에 집착하지 말라는 말이 나옵니다. "일체유위법은 여몽환포영(一體有爲法 如夢幻泡影)"이 그것입니다. 모든 것이 꿈같고 환영 같고 물거품 같고 그림자 같고 아침 이슬 같고 번갯불 같다는 말입니다. 풀이하면 착각이다, 이런 말이에요. 그래서 이게 꿈인 줄 알면 금방 눈 뜨면 끝인데 꿈인 줄 모르면 밤새도록 계속 도망 다닌다는 것이죠.

이제 두 번째 문제를 생각해봅시다. 북한의 어린아이들이 굶어 죽는데도 나는 몰랐다고 가정해보죠. 모르면 나한테는 아무 문제가 없지만 그렇다고 굶어 죽는 아이들이 죽지 않습니까? 내가 몰라도 굶어 죽는 건 죽어요. 그 문제는 내가 눈감는다고 해결되지 않습니다. 다시 말하면 내 문제는 내가 스스로 눈을 뜨면 해결되지만 세상에서 굶어 죽고 고통받는 중생을 해결하려면 내가 눈을 뜬다고 해결되는 게 아니라는 겁니다. 내가 눈감고 안 본다고 문제가 사라지거나 해결되지 않습니다.

　내 괴로움은 남과 논의해서 해결되는 게 아니라 내가 깨쳐야 해결이 되고, 고통받는 이웃의 문제를 해결하는 방법은 내가 피한다고 해결되는 게 아니에요. 내가 피하면 내 속에서 없어진 것이지, 문제는 그대로 남아 있어요. 외면한다고 해결되지 않는다는 뜻입니다. 방법은 우리가 그것을 알아서 구체적으로 해결해 나가야 합니다. 밥이 없어 굶는 아이들에게는 밥을 먹여야 살고, 병든 아이들에게는 약을 줘야 살 수 있습니다. 학교도 못 다니고 배울 수 없는 아이들에게는 공부할 수 있는 환경을 만들어줘야 해결되지요. 우리가 이런 문제에 대해 외면하지 않고 불쌍히 여기는 마음을 자비심이라고 말합니다.

　앞에서 말한 내 고민을 해결하는 데 필요한 내 해탈은 지혜의 눈을 뜨면 해결이 되고, 불쌍한 중생들을 구제하는 것은 내가 불쌍히 여기고 연민하는 마음이 있어야 해결할 수 있습니다. 연민의 마음에는 종교나 피부색, 제도나 이념이 다르다는 조건이 의미가 없습니다. 북한의 아이들이든 아프가니스탄의 아이들이든 국가도 의미가 없어요. 똑같은 사람이기 때문에 안타까워하고 슬퍼할 뿐입니다.

일본과 우리는 과거 역사적으로 아픔이 있었고, 지금도 독도 문제 등으로 분쟁하고 있습니다. 그렇지만 일본 동북부에서 지진이 일어나고 쓰나미가 발생해 마을이 산산조각 부서지듯 사라진 사건을 보면 마음이 아프죠. 정치적으로 밉다고 '에잇, 그거 천벌받았다.'라고 생각하는 사람은 없을 겁니다. 일본이 밉더라도 인간의 힘으로 해결할 수 없는 엄청난 자연재해 앞에서 재산도 잃고 가족도 잃어버린 사람들이 흘리는 눈물을 보면 마음 아프고 안타까워하면서 작은 돈이라도 성금을 내고 돕고 싶어합니다. 이런 마음을 자비심이라고 합니다.

불교의 핵심은 지혜(智慧)와 자비(慈悲)라고 할 수 있습니다. 부처님은 지혜와 자비를 구족(具足)하신 분이라고 말합니다. 지혜는 자기를 해탈시키고 자신의 행복을 만끽하는 것이고, 자비는 남의 고통을 덜어주는 구체적인 실천 행위입니다. 불교 신자를 불자(佛子)라고 하는

데, 불자란 아버지인 부처님을 따라 지혜와 자비를 갖춘 거룩한 인물이 되고자 노력하는 존재라는 뜻을 포함하고 있습니다. 오늘 우리는 법의 이치를 확연히 꿰뚫어서 자기를 해탈시키는 지혜도 없고, 이웃의 아픔을 내 아픔처럼 느끼고 해결하는 자비의 마음이나 행위도 없습니다. 왜 이렇게 우리가 지혜도 자비도 없을까요? 세 가지에 눈이 어두워졌기 때문입니다. 첫째는 탐욕입니다. 욕심에 눈이 멀어 어두워졌어요. 두 번째는 진애(塵埃) 때문입니다. 내 생각대로 풀리지 않는다고 화를 내고 성내는 것이죠. 일본에서 일어난 지진을 두고 일부에서 천벌을 받았다고 말한 것도 이 때문입니다. 나도 모르게 화를 내고 안 받아주니까 미운 마음에 벌 받았다는 말까지 나오게 된 것이죠. 마지막으로 세 번째는 진리에 어두운 무지(無知)입니다. 이 세 가지 원인이 우리의 자기 해탈도 막고 중생 구제도 막고 있습니다.

"나는 앞으로 대통령이 될 거야."라고 어린아이가 말합니다. 이럴 때 대통령이 되겠다는 생각은 욕심이 아닙니다. 욕심이란 상호 모순된 문제를 해결하려고 할 때를 말합니다. 내 문제도 해결이 안 되면서 남을 위해서 좋은 일을 하고 싶어하면 그것은 자기 욕심에서 하는 말에 지나지 않습니다. 처음에 고민을 털어놓은 이 사람은 남에게 조금 도움이 되는 일을 해야겠다고 말했는데 이 말을 달리 표현하면 다른 사람에게 좋은 평가를 듣고 싶다는 말이에요.

불교에서는 큰 상 작은 상 따지지 말고 아무런 대가 없는 보시를 해라, 상을 바라지 말라고 가르칩니다. 그럴 때 무주상보시(無住相布施)의 공덕이 상상을 초월한다는 것이죠. 바람이 없는 보시를 하면 삼천대천세계(三千大千世界)에 칠보로 가득히 채워서 보시하는 것보다 더 크다고 말합니다. 남을 도와줄 때 거기에 대한 칭찬을 받고 싶거나 보상을 받고 싶은 마음 없이 돕는다면 그렇다는 겁니다.

그러니 먼저 내 문제를 살펴볼 수 있는 지혜의 눈을 떠야 합니다. 나에게 지금 무슨 문제가 있는지 꿈에서 깨어나듯 내면의 문제들을 살피고 해결 방법을 찾아야 해요. 그렇게 자기 해탈을 이루고 나면 다른 사람에게 도움 되는 일을 실천할 수 있지요. 누구의 칭찬을 바라고 하는 일이 아니라 그야말로 순수한 의미의 보시를 행동으로 옮길 수 있는 거예요.

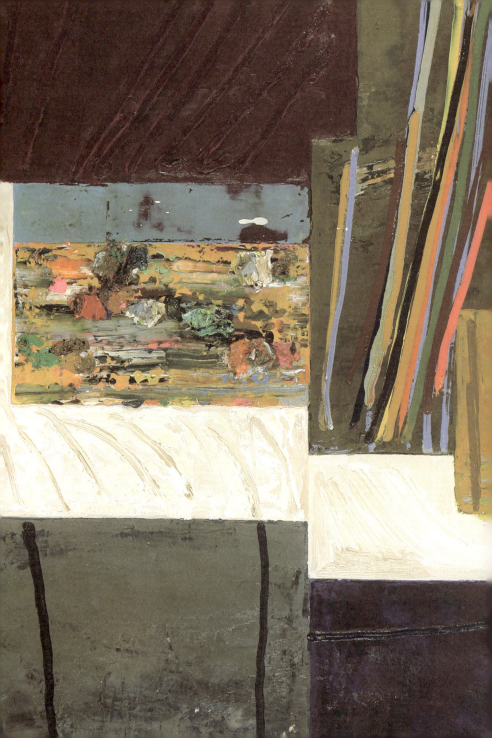

❝ 영어도, 상식도, 제2외국어 공부도 좋습니다.
단, 남들 따라 하는 억지 공부는 하지 마세요.
입시 때문에 취업 때문에 하는 공부가 아니라
나 스스로 주인이 되어 내가 하고 싶고
필요해서 하는 공부가 내 것입니다. ❞

네 번째 이야기

무지갯빛 사랑, 하나로 만나다

예쁜 걸 좋아하는 죄

01.

"저는 올해 서른두 살입니다. 나이가 나이다 보니 결혼할 배우자를 찾으려고 노력하고 있어요. 제 생각에 배우자에는 몇 가지 조건이 있는 것 같아요. 능력도 봐야 하고 성격도 좋아야겠죠. 여기까지는 다른 사람과 비슷한데 저는 한 가지 조건을 더 살펴봅니다."

"특별하게 생각하는 본인만의 조건이 무엇인가요?"

"제가 최우선으로 손꼽는 조건은 외모입니다. 분명히 웃으실 텐데, 저는 남자를 볼 때 외모를 많이 봅니다. 과일만 해도 예쁘게 생긴 게 더 맛있지 않습니까? 지금까지 소개팅이나 선 자리에 자주 나갔는데 외모가 마음에 들지 않으면 제가 먼저 퇴짜를 놓았어요. 그랬더니 주변 반응이 제가 문제가 많다고 하더라고요. 스님, 결혼 상대자의 외모를 따지는 제가 문제가 많은 건가요?"

이 책을 읽는 분들도 자신에게 물어보세요. 잘생기고 예쁜 외모를 안 좋아하는 사람 있습니까? 남자든 여자든 잘나고 빼어난 외모는 다 좋아합니다. 남자 외모 따진다는 주변 평가에 항변조차 어려운 이 질문자 역시 여러분과 비슷하거나 조금 더 솔직할 뿐입니다. 제 답변은 이렇습니다.

"괜찮습니다. 내 눈에 꼭 들어오는 마음에 드는 사람을 골라잡아서 함께 사세요."

혹시라도 스님이 무슨 외모 타령이냐고 말하는 사람이 있을지도 모릅니다. 하지만 일단 솔직한 답변부터 시작했으니 차근차근 풀어봅시다.

먼저 외모를 따지는 조건 자체는 나쁘지 않습니다. 커피보다 녹차를, 카레보다 돈가스를 좋아하는 것처럼 취향일 뿐이니까요. 그런데 실행에 옮기자니 몇 가지 문제가 걸립니다. 첫째로 한눈에 봐도 외모가 참 괜찮다, 반할 정도다 싶은 남자는 찾기가 매우 어렵습니다. 왜냐하면 그런 잘생긴 남자는 벌써 누군가가 차지했기 때문이죠. 현실적으로 서른두 살의 여자가 찾으려면 순서가 쉽게 올 것 같지는 않네요.

쉬운 예로 집을 사거나 팔 때를 한번 생각해봅시다. 집을 사려는 사람은 누구나 싸게 구매하고 싶어합니다. 반대로 파는 사람은 가능하면 비싸게 팔고 싶어하죠. 집이나 부동산은 대략 평균적인 시세가 있잖아요. 파는 사람은 시세보다 조금 더 받을 수 없을까 생각하고, 사는 사람은 시세보다 싸게 살 수가 없을까 생각을 해요. 특별히 욕심이 많아서가 아니라 대부분의 사람이 똑같습니다.

그래서 집을 알아볼 때 '진짜 값이 싸다.'라고 감탄하는 경우는 거의 없습니다. 확률로 따지면 100개를 둘러봤다고 했을 때 2~3개도 안 됩니다. 물론 같은 지역에 같은 조건이라는 단서에서 말하는 겁니다. 가격이 상대적으로 헐값처럼 싸다면 뭔가 '하자'가 있는 집이기 쉽습니다. 하지만 그중에는 100개 중 2~3개의 비율로 가격이 싸게 나온 집이 있습니다. 구하려면 아주 없는 건 아니에요. 그런 집을 찾기 위해서는 최대한 많이 뒤지며 찾아봐야 합니다. 많이 보다 보면 상대적으로 가격이 싸게 나온 집들이 있습니다. 흔히 '급매'라고 파는 사람이 돈이 급하게 필요해서 평균 시세보다 싸게 내놓는 경우입니다.

반대로 시세보다 비용을 조금 더 주고라도 집을 빨리 찾아서 이사

해야 하는 사람들이 있습니다. 급하게 구하기 때문에 시세보다 비싸더라도 매매를 서두르게 되죠. 그런데 그런 숫자가 많지는 않아요. 수가 적기 때문에 찾기가 어렵고 그만큼 노력을 해야 해요.

또한 평균 시세보다 가격이 싼 집은 구하기도 어렵지만 일단 시장에 나와 있다면 길게 고민할 틈이 없습니다. 이 집을 계약할까 말까 하면서 누구와 의논하며 고민하는 사이 다른 사람이 벌써 계약서에 도장을 찍는 경우가 많습니다. 집을 둘러보고 3일 뒤에 가면 이미 다른 사람한테 팔렸다는 말만 듣게 됩니다. 그 이유는 나만 집을 구하는 게 아니라 다른 사람도 같은 값이면 조금 더 싸고 좋은 집을 사려고 하기 때문이죠. 그래서 시세보다 가격이 싼 집은 부동산 시장에 나오기가 무섭게 금방 나가버려요. 만약 내가 그런 귀한 물건을 보았다면 빨리 마음을 결정해야 계약을 성사시킬 수 있습니다.

벌써 여러 가지 어려운 점이 노출되었죠? 첫째로 구하기 어렵고, 둘째로 그래서 시간이 오래 걸린다는 점입니다. 셋째로 행여 그런 집을 어렵게 만났다 하더라도 경쟁이 치열하기 때문에 나와도 놓칠 확률이 높습니다.

사람들이 저에게 찾아와서 이렇게 물어요.

"요즘 부동산 경기가 안 좋아서요, 집을 내놨는데 안 팔려요. 스님, 빨리 좀 팔고 싶어요."

방법은 간단합니다. 그 동네의 비슷한 수준의 다른 집들 시세보다 싸게 내놓으면 팔립니다. 안 팔더라도 손해는 보지 않겠다는 마음일 때 시세보다 높게 내놓습니다. 누군가가 급한 사람이 시세보다 높게 주고 살 경우가 있기 때문에 팔려도 좋고 안 팔려도 좋다는 배짱이 있을 때 그렇게 합니다. 반대로 가능하면 빨리 팔았으면 좋겠다 할 때는 시세보다 가격을 약간 낮추어 내놓으면 거래가 성사되기 쉽습니다. 이게 우리가 세상을 사는 원리다, 이런 이야기예요. 차마 사람을 대놓고 말을 못 하니까 부동산에 빗대어 이야기했습니다.

결혼 상대자를 구하는 일도 세상 사는 원리와 비슷합니다. 내 눈에 딱 드는 외모가 좀 되는 남자를 구하려면 첫째, 구하기가 쉽지 않아요. 그런 남자를 찾으려면 일단 많이 봐야 합니다. 좋은 집을 찾기 위해 100곳을 뒤지듯이 발품을 많이 팔아야 해요. 주변 사람들에게 적극적으로 알려서 소개도 많이 받아야겠죠. 주말이면 온종일 시간을 할애해야 하고 안 되면 이틀 간격으로 선도 열심히 봐야 해요. 일단 많이 만나다 보면 그중에 내 이상형과 가까운 사람이 있겠죠. 시쳇말로 '걸린다'고 하죠?

  두 번째 문제는 내 이상형에 맞는 적당한 남자와 만나게 되었다고 가정했을 때 그 이후에 발생합니다. 그런 남자를 만났는데 머뭇거리면 이루어지기도 전에 깨지겠죠. 가격 싸고 좋은 집을 발견했는데 이럴까 저럴까 망설이는 사이 집이 나가버리듯이 말이에요. 이런 불행한 사태를 방지하려면 '드디어 운명의 상대를 만났다.' 싶은 순간에 얼른 결정을 해버려야 해요. 결정이란 평소 소원하던 대로 외모 잘난 남자와 결혼하는 것이겠죠. 두 가지 문제점 모두 결코 결혼까지 가기가 쉽지 않다는 결론을 내릴 수 있습니다.

  또 하나 생각해봐야 할 문제는 이렇게 결혼을 하고 난 뒤 행복하게 잘 살겠느냐 하는 것입니다. 우선은 거기까지 생각하지 말고 결혼 단계까지만 상상해봅시다. 선이나 소개팅을 열심히 하면서 평소 원하던 외모가 준수한 남자를 만났어요. 다행히 상대방도 내가 싫지는 않은 눈치예요. 후다닥 연애와 함께 얼른 날이라도 잡고 싶은 심정이겠죠.

  나중 일은 그때 생각하고 그런 남자와 만났으면 일단 결혼을 해보는 거예요. 단 3일을 살아도 좋다, 일단 한번 해보자, 이런 마음이겠죠? 옛날에는 한 번 결혼하면 이혼도 뭐도 없이 평생 일부종사하면서

여러분이 선택을 망설이는 이유는
선택의 결과에 대해 책임지지 않으려고
하기 때문입니다. 선택에는 선악도,
옳고 그름도, 잘하고 잘못함도 없습니다.
그저 선택에 따른 결과를 예측하고 그것을
감내하면 어떤 선택을 해도 좋은 것입니다.

살았지요. 오직 한 번뿐인 기회니까 신랑감이나 신붓감을 구할 때 잘 골라야 했습니다. 무를 수 없었으니까요.

하지만 요즘은 세태가 많이 변했습니다. 그러니 내가 인물을 가장 중요하게 꼽는다면 인물 좋은 사람을 골라 일단 한번 살아보는 겁니다. 한 1년 함께 살아봤더니 생각했던 것처럼 기쁘지도 않고 즐거움도 없더라, 결혼 결정이 후회스럽더라 싶으면 그만두는 겁니다. 그 뒤에는 '사람 인물 따졌는데 그게 영 실속이 없더라.' 하면서 실속을 찾아서 다시 한 번 더 하는 겁니다.

또 다른 방법으로 2단계 작전으로 가는 것도 괜찮아요. 인물도 괜찮고 성격도 괜찮고 돈도 많고 학벌도 괜찮고 나만 사랑하고, 이렇게 모든 조건을 다 갖춰서 고르려면 신랑감을 찾기 굉장히 어려워요. 그러니 그 조건을 모두 갖춘 사람을 골라 한 번 결혼하는 것이 아니라 조건을 한 3명까지 분산해서 한 번씩 살아보는 겁니다.

제 이야기를 듣고 "아이고, 스님. 결혼은 인륜대사라는데 무슨 그런 말씀을."이라고 말하는 분도 있을 겁니다. 어떤 윤리 도덕이니, 옳고 그르냐를 말하는 자리가 아닙니다. 내가 결혼 조건으로 외모를 꼭 따져서 내 마음에 쏙 드는 외모 잘난 신랑과 결혼하겠다고 원한다면 그 실천 방법을 현실적으로 실현 가능한 방법에서 찾아야 한다는 겁니다. 원하는 걸 성취하려면 무조건 욕심만으로는 안 되고 실현 가능한 방법을 선택해야 합니다. 이것이 우리 삶의 현실이에요.

결혼까지 성공했다고 가정했을 때 발생하는 문제가 하나 있습니다. 속설로 인물 잘난 사람은 인물값을 한다고들 하죠. 그러니까 결혼 후에 인물 좋은 신랑이 '인물값'을 하는 걸 봐야만 합니다. 남자가 예쁜 여자를 좋아하고 여자가 잘생긴 남자에게 호감을 품는 건 당연한 심리 아닙니까? 그런데 유부남이라고 그냥 내버려둘까요? 남편 주위에 항상 여자들이 있겠죠. 잘생긴 남자와 결혼해 살겠다고 내가 선택했을 때부터 이미 결과가 예정된 일이에요. 그 모습을 보면서 아내로서 질투하고 막으려고 하면 계속 싸움이 일어납니다. 마음으로는 '그래, 그만 안녕이다.' 하고 그만두면 깨끗하게 끝나는데 어렵게 잡은 남편을 버리자니 아깝고 계속 살자니 얄미운 이중 심리가 일어나는 것이죠. 이래서는 결혼 생활이 결코 행복해지지 않습니다.

인물 좋은 사람이 처음에 연애할 때는 좋지만 결혼 후 같이 살기에는 나를 좋아해주는 편한 사람이 더 좋거든요. 요즘은 흔하지 않겠지만 친구와 함께 사는 자취 생활을 떠올려보세요. 함께 살 때는 밥을 제시간에 하느냐, 청소 당번을 정하면 제대로 하느냐, 공과금과 공동생활비 등을 제날짜에 내느냐가 룸메이트로서 꼭 필요한 조건입니다. 부잣집 아들이냐, 인물이 잘생겼냐 등은 기분의 문제이지 시간이 조금 흐르면 아무 의미가 없어져요. 그보다 나와 성격이 잘 맞고 배려심이 많아 함께 살기 좋은 사람이 좋은 룸메이트죠. 그런 걸 생각해서 선택하는 수밖에 없어요.

어떤 선택을 하든 언제나 인생은 공평합니다. 내가 좋아하는 사람을 선택하면 좋아하니까 내가 행복하죠. 이런 경우 내가 좀 숙이고 살아야 해요. 나를 더 좋아하는 사람과 살면 사는 것은 좀 편한데 내 마음에 만족감이 떨어져요. 항상 부족함이 남아 있어요. 그러니까 어느 것이 더 좋다고 말할 수 없어요.

선택은 문제가 안 됩니다. 어떤 선택을 해도 좋은데 여러분이 선택을 망설이는 이유는 선택의 결과에 대해 책임지지 않으려고 하기 때문입니다. 선택에는 선악도, 옳고 그름도, 잘하고 잘못함도 없습니다. 그저 선택에 따른 결과를 예측하고 그것을 감내하면 어떤 선택을 해도 좋은 것입니다.

여러분은 저한테 "어떤 선택이 좋습니까?" 하고 질문합니다. 제 대답은 "어떤 선택도 좋습니다."입니다. 종종 "저는 믿고 선택했는데 결과가 이래요."라고 말하는 사람이 있습니다. 하지만 그렇지 않습니다. 하나를 선택할 때 그에 대한 결과는 이미 예측되어 있습니다. 결과를 바꿀 수는 없겠지요. 우리가 할 수 있는 최선은 결과를 미리 알아서 그런 현상이 일어날 때 기꺼이 받아들이는 자세입니다. 예측된 현상이 안 일어나게 하려면 거기에 따른 보완책을 마련해 실천해 나가야 합니다. 이것이 인생이에요.

제게 질문한 사람에게 다시 물었습니다.

"제 이야기를 듣고 어떤 결심을 했는지 솔직하게 이야기해보세요. 아직도 결정을 못 했나요?"

"저도 그동안 겪었던 과거의 경험들과 그 때문에 얻었던 상처들을 생각해봤어요. 스님 말씀처럼 잘생긴 사람도 만나봤지만 끝은 그다지 좋지 않았어요. 제가 아직도 혼자인 이유겠죠. 스님의 말씀을 좀 더 새겨듣고 앞으로는 외모보다 성격을 먼저 살피고 저와 좋은 룸메이트가 될 수 있는 사람을 찾도록 노력하겠습니다."

"혹시 나중에라도 제가 그렇게 하라고 해서 했다고 책임을 저한테 떠넘기지는 마세요."

저에게 고민을 털어놓고 방법을 묻는 사람에게 제가 할 수 있는 일은 여러 경우의 수를 이야기해주는 것입니다. 선택은 전적으로 여러분의 몫입니다. 여러분 각자 자기 인생이니까 누구도 대신해줄 수 없어요.

혼자보다 둘이 더 외로울 때

02.

"저는 만난 지 2년 정도 된 남자 친구가 있어요. 제가 올해 서른 살이라 이제 슬슬 결혼을 생각해야 하는데요, 문제는 남자 친구와 소통이 잘되지 않아요. 마치 물과 기름처럼 따로 노는 느낌도 들고요."

"남자 친구와의 사이에서 가장 크게 문제 되는 건 뭔가요? 이를테면 다툼의 원인 같은 거요."

"평소에는 자신의 감정을 잘 보여주지도 않고 말도 많지 않은 편인데, 술을 마시면 말이 많아지는 타입이에요."

"소통이 잘 이뤄지지 않는다고 느끼는 부분은 무엇인가요?"

"사실 그 친구만 나쁘다고 할 수도 없는 게 우리 둘 다 3개월 이상 지속된 연애를 하는 건 처음이거든요. 이렇게 오래 지속된 관계가 둘 다 처음인 사람들끼리 만나서 그럴까요? 사귄 지 2년이 되었으면 이제 서로 '아' 하면 '어' 하고 돌아와야 하는 시점인데 전혀 안 돼요. 그때마다 의사소통이 잘 안 되는 벽 같은 게 있다는 느낌이 들어요. 어떻게 해야 그 친구한테 제가 좀 더 맞출 수 있을까요?"

2년을 사귄 사이인데도 서로 소통이 잘 안 된다는 문제입니다. 해결책은 두 가지 방법이 있습니다. 소통이 안 된다고 '네가 먼저 소통해.'라고 한다고 상대를 고칠 수 있는 건 아니에요. 상대방에 대해서 '이것만 고치면 이 사람도 괜찮은데……'라는 생각을 하면서 결혼하면 100퍼센트 실패합니다.

결혼도 그렇고 연애도 마찬가지예요. 소통이 안 되는 문제도 인정하고 상대방의 성격도 인정해 있는 그대로를 보고 선택해야 합니다. '지금 이대로는 60점밖에 안 되지만 이것만 고치면 80점은 될 거야. 그러면 할만 해.' 이렇게 생각하면 안 돼요. 고치는 게 쉽지가 않아요. 내가 고집을 부리며 고치지 않으려고 하는 문제가 아니라 철석같이 약속해도 나도 나 자신을 못 고칩니다. "백만 대군을 이기는 것보다 자신을 이기는 자가 더 큰 영웅이다."라는 말을 들어보셨나요? 나 자신을 고치기가 얼마나 어려운 일인지 보여주는 말입니다.

사람은 누구나 자신의 카르마를 고치기 어렵습니다. 쉬운 예를 하나 들어봅시다. 생활 습관 중에서도 가장 중독성이 강한 담배를 예로 들어보죠. 담배를 안 피우는 사람이 볼 때는 뭐가 어렵다고 그거 하나를 못 끊나 이렇게 생각합니다. 하지만 담배를 피우는 사람은 그거 하나도 끊기 어려운 거예요. 그러니까 '이것만 고치면 어떻게 되겠다.'라는 말은 하면 안 돼요.

평상시에 말이 많지 않은 타입이라고 했지요. 말 없는 남자가 조금 답답한 면은 있어도 점잖고 좋지요. 그런데 이런 남자에게 결혼했다고 아침마다 "여보, 당신, 사랑해."라는 소리를 듣고자 하면 그건 욕심입니다. 만약 아침마다 내 남편이 혹은 내 아내가 다정한 목소리로 "여보, 사랑해."라고 속삭여주길 원한다면 차라리 사람을 바꾸세요. 지금 남자와 헤어지고 새로운 인연과 만나는 편이 훨씬 빠릅니다. 상대를 바꿀 수 없다면 내 욕구를 버려야 합니다. 본래 태어날 때부터 그렇게 생긴 사람을 잡아놓고 '네가 고쳐라.'라고 주장하는 건 굉장히 오만한 일이에요.

소통이 안 된다는 것은 무슨 뜻일까요? 상대가 소통할 줄 모르는

상대를 바꿀 수 없다면 내 욕구를 버려야 합니다. 본래 태어날 때부터
그렇게 생긴 사람을 잡아놓고 '네가 고쳐라.'라고 주장하는 건
굉장히 오만한 일이에요.

인간이라고 단정한다면 그건 잘못이에요. 소통이 원활하게 이뤄지지 않는 이유에는 크게 두 가지가 있습니다. '상대가 먼저 소통을 하면 나도 하겠는데 내가 먼저 소통하기는 좀 그렇다.'라고 생각한다면 이 문제는 자기 자신의 문제예요. 또한 '내가 소통하려 해도 상대가 잘 응하지 않는다.'라는 생각도 역시 자기 자신의 문제죠.

예를 한번 들어볼까요? 설악산을 좋아해 자주 등산도 가고 이 골짝 저 골짝 답사도 한다고 가정해봅시다. 매주 산에 오른다고 해서 설악산이 산에 올라간 사람에게 좋아한다는 말을 한 번이라도 해준 적이 있을까요? 벚꽃이 핀다고 화려한 꽃그늘을 구경하며 좋아해도 벚꽃이 '나도 너 좋아.'라고 한 적은 없잖아요.

상대가 아무런 응답을 하지 않아도 나만 문제 삼지 않으면 소통이 된다는 뜻이에요. 즉 상대가 나한테 어떻게 해주면 좋겠다는 요구만 내려놓으면 상대가 말하지 않아도 소통은 이루어집니다. 산하고도 소통이 되는데 사람하고 소통이 안 되겠어요? 강아지하고도 소통하잖아요. 강아지가 나에게 뭐라고 말을 해줘서 소통이 되는 건 아니죠. 한마디 말을 하지 않더라도, 내내 짖기만 하더라도 내가 문제 삼지 않으니까 강아지와 나 사이에 소통이 이뤄지는 겁니다.

평소 말이 없는 편이라고 답답해하기보다 '이 사람과 연애를 해보니 평소에 별로 말이 없구나. 그래, 남자가 말 많은 것보다야 낫지.'라고 좋게 생각할 수 있는 문제죠. 하지만 그 뒤에 '그런데 그래도……' 하는 단서가 붙으면 안 돼요. 술을 마시면 말이 많아진다는 단점도 달리 생각할 수 있습니다. '이 사람은 어릴 때 말문이 약간 막혔나 보다. 심리가 억압된 사람이라 술을 마실 때만 많이 쏟아져 나오는구나.' 하고 생각할 수 있습니다. 앞으로의 미래 모습도 살짝 엿볼 수 있겠죠. 이 사람은 일이 제 뜻대로 안 되고 답답하거나 결혼 생활에서 부부 싸움을 하더라도 문제를 풀기보다 혼자 술을 마실 가능성이 큰 사람이라고 말입니다. 술을 잔뜩 마셨다면 그다음은 주정도 좀 하겠구나 하고 예측하는 거죠. 술을 마시고 주정하는 걸 나쁘게만 생각하지 마세요. 그 사람의 기질은 그렇게 드러난다고 여기시면 됩니다.

이런 상대와 내가 소통하고 싶다면 어떤 방법을 동원할 수 있을까요? 일방적으로 상대에게 내가 말할 테니까 너도 말하라고 주장하지 마세요. 아주 쉬운 방법으로 그냥 술집으로 데리고 가는 거예요. 처음엔 분명히 내가 말을 많이 하겠지만 술을 마시다 보면 상대도 말문이 트이면서 오히려 나보다 더 많은 말을 할지도 몰라요. 상대가 술이 덜

취했을 때는 내가 먼저 할 말 다해놓고, 그다음에 상대가 술에 취해서 말이 많아지면 그때는 그의 말에 귀 기울여주세요.

이러면 반반씩 서로 주고받는 게 되잖아요. 서로 말을 하니 안 하니, 또 말을 듣니 안 듣니, 문제 삼으면 괜히 상황만 복잡해지고 머리만 아프고 가슴만 쓰립니다. 차라리 상대의 기질을 이용해서 적당히 반반씩 맞추면 서로 편하게 소통할 수 있습니다.

상대가 술을 마시고 말문이 트여 말을 할 때는 격려해주는 게 좋아요. 그런 사람에겐 '당신 말이 맞아요. 아, 그런 문제가 있었구나.' 하는 식으로 동의를 해주세요. 술에 취해 말도 안 되는 소리를 한다며 받아주지 않으면 더 이상 둘 사이에서는 소통이 이뤄지지 않습니다. 만약 그런 생각이 들어도 마음속에 꾹 눌러 담고 격려를 해주세요. 그리고 했던 말을 또 해도 항상 처음 듣는 듯이 '아, 그랬구나.'라고 반응해주세요.

이런 사람일수록 어릴 때 이야기를 많이 합니다. 어릴 때 말문이 막힌 이후에 사고가 꽁꽁 묶여 있을 수 있기 때문에 격려를 해주면 치유가 됩니다. 그래서 그 문제는 치유할 수 있어요.

그런데 그런 사실을 알아채지 못하고 술에 취해 주정이나 한다면서 말을 못 하게 막고 말문을 닫아버리게 하면 어떻겠어요? 어릴 땐 어른이 말문을 닫아서 말을 못 했는데 지금은 아내가 닫아버리니까 저항을 하는 겁니다. 물건을 집어던지는 것과 같은 난폭한 증상이 나타날 소지가 있죠. 그러니까 그런 경우라도 '남자가 말이야…….'라고 하면서 따지면 안 됩니다.

상대의 기질을 알았다면 그런 기질을 조율해주면 돼요. 사기꾼 중에 성질이 불같은 사람이 있을까요, 없을까요? 한 명도 없습니다. 성격이 불같은 사람은 절대로 사기를 못 칩니다. 주변에 성질이 불같은 사람이 있다면 적어도 이런 사람에게 속을 일은 없어요.

왜냐하면 이런 사람은 속을 알기가 굉장히 쉽거든요. 화가 났는지 아닌지 얼굴에 그대로 드러나니 빨리 알아챌 수 있습니다. 불같은 성질을 부리면 이 사람이 저래서 저렇구나 하고 그 이유를 빨리 알아야 해요. 이유와 원인을 알면 해결 방법이 나올 테니 빨리 처리하고 화를 가라앉힐 수 있겠죠. 반대로 입을 꼭 다물고 있으면 그 속을 짐작하기 어려워요. 그래서 모든 일에는 서로 다 장단점이 있는 겁니다.

또 하나 잊지 말아야 할 점은 상대가 확 하며 성질을 부릴 때는 같이 대항하지 말라는 겁니다. 이런 상대와 싸움으로 번지지 않고 사태를 가라앉히는 방법은 무조건 내가 잘못했다고 해버리는 겁니다. 일단 그렇게 상황을 넘긴 뒤 상대가 평정심을 찾으면 그때 밀어놓았던 불만이나 서운함을 말하면 상대도 쉽게 수긍하고 미안해합니다. 맞붙으면 싸움만 될 뿐 해결되는 문제는 하나도 없거든요. 그럴 바에는 잠시 눈을 감고 피해버리는 겁니다. 그리고 상대가 정신이 돌아오면 그때 냉정하게 말하는 거예요.

인간의 심리는 법률이나 도덕과 일치할 때도 있지만 그렇지 않을 때도 있다는 걸 알아야 해요. 도덕적으로나 법률적으로 처리할 수 있는 문제를 그냥 '나쁜 놈'이라고 규정해버리거나 이혼을 시켜버리는 거죠. 그렇게 해서는 문제를 해결할 수 없어요. 인간의 마음 작용에 대한 원리에 근거한 답을 안 찾기 때문이죠. 그러니까 마음의 원리를 찾아 대응해야 하는 거예요.

망설이지 말고 '내가 이렇게까지 고민할 이유가 뭔가? 나를 좋아하는 사람도 얼마든지 많은데……'라고 생각하고 있다면 지금의 두 사람 관계는 끝내버리세요. 연애를 2년 해봤으니 연습이 많이 됐잖아요. 좋은 관계를 2년이나 가졌는데 어떻게 포기하느냐고 생각하지 마세요. 앞으로는 연애에 관해서라면 지금까지 충분히 연습을 했으니 자신 있다고 좋게 생각해요. 그렇게 생각하고 헤어지는 방법이 있어요.

'서른 살이 넘은 나이에 어떻게 새로운 사람을 찾아 다시 또 2년을 사귀나? 별다른 사람이 있을까?' 이런 생각을 하고 있다면 지금 사귀는 사람에게 나를 맞추며 살겠다고 방침을 정하세요. 그렇게 정했으면 상대와 결혼한 뒤에 나타날 증상을 미리 한번 지켜보는 거예요. 판단이 잘 안 서면 술을 엄청 마시게 하고 어떻게 행동하는지 살펴보는 것도 방법입니다.

화가 크게 나는 상황을 만들어 상대가 어떻게 행동하는지도 살펴보세요. 나에게 완전히 실망하게 해서 어떤 반응이 나오는지도 알아보세요. 상대를 실험하는 것 같은가요? 하지만 이렇게 몇 가지 방법을 거치면 상대의 내면에 숨겨진 바닥이 어느 정도인지 드러납니다. 그 바닥까지 확인한 뒤 내가 이 정도까지는 감당하겠다 싶으면 결혼까지 가는 겁니다. 반대로 상대의 내면을 들여다보니 도저히 내가 감당할 수 없는 수준이다 싶으면 빨리 그만두는 겁니다.

흔히 결혼한 사람들이 자주 하는 말 중에 '연애할 때는 안 그랬어요.' 하는 항변이 있습니다. 사실 누구나 연애할 때는 진정한 자기 자신을 조금씩 숨기거든요. 그러니까 구두 벗을 때도 조사해보고 화장

을 지워졌을 때의 얼굴도 다시 검사해보고, 옷 벗었을 때 몸매도 다시 보고, 통장 잔고는 얼마인지 가진 돈도 알아보세요.

연애는 서로 약간씩 속이고 속아줘야만 성립이 됩니다. 중매쟁이도 거짓말을 약간 해야 중매를 설 수 있어요. 서로 눈이 높기 때문이에요. 그래서 그건 그리 나쁜 짓이라고 볼 수 없어요. 동물들이 교미를 할 때 공작은 날개를 활짝 펴고 사자는 깃털을 있는 대로 치켜세우는 것처럼 자기가 가진 최고의 재주를 보여주잖아요. 물론 사람과 동물은 다르지만 사랑할 상대를 찾는 본능은 원초적으로 같습니다.

그것처럼 약간의 눈속임을 나쁘게 생각하지 마세요. 자기 목표를 달성하려고 하는 사람들의 몸부림이니까요. 사기라면 사기지만 좋게 보면 상대에게 잘 보이려는 몸부림이죠. 그걸 알고 대응을 해야 하는 겁니다. 처음의 고민 상담자에게 물었습니다.

"어느 쪽을 선택하겠어요? 이별을 고하겠어요? 아니면 한번 맞춰보는 쪽으로 선택하겠어요?"

"모르겠어요. 생각을 좀 더 해봐야 할 것 같아요. 제가 맞출 수 있을지, 아니면 지금이라도 그냥 헤어져야 할지."

'맞출 수 있을지'라는 말은 없어요. 맞추면 맞추는 거고 안 맞추면 안 맞추는 거죠. 내가 맞추는 것을 힘들어하는 이유는 상대에 대해 알아도 제대로 맞추지 못하기 때문입니다. 상대 역시 자신의 성질을 고치는 일이 쉽지는 않겠죠.

그러니까 고치는 걸 전제로 하지 말라는 말입니다. 그건 환상이에요. 어른들이 하는 말 중에 이런 말이 있습니다. "내 배 속에서 낳은 자식도 내 말을 안 듣는다."는 말입니다. 그런데 어떻게 남의 집에서 서른 몇 살이 넘도록 자란 사람이 내 말을 듣겠어요? 들을 거라고 기대하는 내가 어리석죠. 연애할 때는 결혼이 급하니까 내가 이야기하면 전부 들을 것처럼 행동합니다. 우리 모두 알면서도 다 속고 속이고 살잖아요.

연애할 때 성질대로 행동하나요? 맞선 볼 때를 떠올려보세요. 모두 제 모습을 그대로 드러내지 않지요. 맞선만 해도 그냥 평소처럼, 아니면 작업복을 입고 나가는 사람이 있나요? 아마 있는 옷 중 가장 좋은 것을 골라 입겠죠. 여자는 머리 모양도 새로 다듬고 평소와 다르게 화장도 더 신경 써서 하고요. 선 자리에서는 상대 앞에서 평소와 다르게 몸가짐도 단정하게 하고 상대방의 이야기를 집중해서 듣죠. 그래서 선이라는 것은 어떤 부분에서는 전부 사기예요. 하지만 이 정도의 사기는 사회 통상적으로 애교로 봐주는 거죠.

"이제 선택을 하세요. 아직 판단이 안 서면 어떻게 해야겠어요?"

법당에 가서든 집에서든 한 100일 동안 아무 생각 하지 말고 기도를 하면 저절로 문제가 풀립니다. 내 마음이 이쪽으로 결정되든 저쪽으로 결정되든, 100일 동안 내가 기도하는 중에 남자가 가버리거든요. 여러분은 자기 자신만 결정을 해야 한다고 생각하는데 그건 잘못된 생각이에요. 남자도 다른 여자를 보고 가버리거나 나를 싫다고 할 수 있어요. 그러한 상황도 내가 결정하게 만들어주죠. 이것도 아주 좋은 결정이에요. 기독교식으로 말하면 100일 동안 '주의 뜻대로 하옵소서.' 하면서 그냥 기도만 하는 거예요. 그럼 주님이 알아서 그 인간을 버리든지 하시겠죠.

혼자서 머리 굴려봐야 머리만 아프고 아이디어도 안 나옵니다. 탁 놔버리고 기도로 정진하면 복잡한 상황 문제도 교통정리가 저절로 됩니다. 안 되려면 안 될 일이 벌어져버리겠지요.

공개 수배, 짚신의 짝 찾기

03.

삼십 대 후반이라는 한 분이 어떤 사람과 만나서 결혼하는 것이 좋겠냐고 물었습니다.

"제가 어떻게 하면 마음이 편안해지고 편안한 연애를 할 수 있을까요? 누군가 처음 만났을 때는 다 좋은 것 같고 그에 비해 내가 부족해 작아 보이는데, 몇 번 만남이 이어지면 그 사람의 단점을 찾고 있는 저를 발견하게 됩니다. 좋은 사람과 만나 연애하고 싶은 마음은 굴뚝같은데 몇 번 만나다 보면 끝낼 생각부터 하는 거예요. 그동안 짧은 연애 경험이 전부이고, 늘 걱정이 많아 시작하기가 쉽지 않아요."

어떤 사람을 만나도 마음이 편하다는 건 우리가 바라는 궁극적인 목표죠. 수행 생활을 하고 있지만 저도 거기까지는 도달하지 못했습니다. 그런데 이분은 자신은 아무것도 안 하고서 저절로 편안한 상태에 이르길 바랍니다. 한마디로 표현하자면 욕심이 많죠.

"지금 몇 살이에요?"

"서른여덟 살이요."

"그동안 결혼할 뻔했던 적이, 연애하면서 결혼해야겠다고 마음먹었다가 그만둔 게 몇 번쯤 되나요?"

"결혼까지 하고 싶었던 적은 없었어요."

"아니, 그래도 사람을 만나서 결혼할까 말까 망설인 적이 있었을 것 아니에요?"

"한 번 정도 있었습니다."

"한 번? 지금까지 연애를 제대로 안 해봤어요?"

"네."

"부모님 이야기를 물어서 미안한데 부모님 결혼 생활이 편안했나요, 갈등이 많았나요?"

"갈등이 좀 많았던 편이에요."

"어릴 때 엄마, 아빠가 갈등하는 모습을 보면서 '아이고, 나는 커서 결혼 안 해야겠다.' 이런 마음이 든 적 있어요?"

"결혼을 안 해야겠다고 생각한 적은 없었어요. 그냥 결혼 생각이 없었어요. 혼자 살겠다는 독신주의 마음을 먹고 결혼하지 않았던 건 아니거든요."

이 사람의 심리를 분석하면 이런 결과를 도출할 수 있습니다. 엄마, 아빠가 갈등이 심한 모습을 보고 자라면서 어릴 때부터 결혼에 대해 부정적인 생각을 품게 된 것이죠. '나는 결혼하지 않겠다.'라는 의식까지는 아니더라도 부모님이 다투는 모습을 보면서 '저럴 바에는 결혼을 왜 하나?' 하는 부정적인 생각을 나도 모르게 하면서 자랐을 겁니다. 이런 생각이 무의식 세계에 쌓여 있어 결혼에 대한 부정적인 생각과 함께 결혼에 대한 두려움이 생겨난 것이죠.

그런데 나이가 스무 살이 넘고 서른 살이 되면 이런 의식이 어떻게 변할까요? 성인이 되면서, 또 주변 친구들이 결혼해서 행복하게 사는 모습을 보면서 결혼하고 싶은 욕구가 생기겠죠. 한편으로는 결혼해야겠다는 생각도 들 테고요. 그러는 사이 남자를 만나면 나도 모르게 결혼 쪽으로 이야기가 흘러가거나 '이 사람과 결혼을 하면 어떨까?' 하면서 나도 모르게 상대와의 미래를 그려보겠죠. 여기까지는 그 나이

또래가 겪는 비슷한 생각일 겁니다. 다만 이 사람은 거기서 결혼에 대한 욕구가 더 발전하는 것이 아니라 부모가 보여줬던 결혼 생활의 부정적인 모습이 나도 모르게 자꾸 일어나는 겁니다. 그래서 상대를 두고 '이 사람에게 혹시 이런 문제가 있지 않을까?', '혹시 나중에 이 사람도 아버지처럼 되지 않을까?' 하고 비교합니다. 나도 모르게 자꾸 상대에 대해 부정적인 선입견이 일어나면서 결국은 결혼에 대해서 주저하거나 두려움이 커지게 됩니다.

"제 아버지는 성격이 완벽주의자로 까다롭지만 크게 문제는 없으셨어요. 그냥 화만 자주 내세요."

"엄마는 어떠신가요?"

"엄마는 주로 아빠의 화를 받아주는 입장이죠."

"못 받아주니까 싸우셨겠죠. 화를 잘 받아주면 왜 싸우겠어요?"

부부 사이에 갈등이 일어났을 때 한쪽이 일방적으로 화를 낸다고 가정해봅시다. 다른 한쪽이 "여보, 화나셨네요? 그러면 혈압이 높아지니 안 됩니다." 아니면 "여보, 내가 잘못했으니까 좀 참으세요." 이렇게 대처하면 분란이 더 이상 커지지 않습니다. 아무 문제가 없어요. 하지만 대부분 어떻게 반응합니까? "아니, 왜 성질을 내고 그래?" 이렇게 다른 한쪽마저 맞받아치면 화를 내던 사람은 화가 더 나서 불화로처럼 끓어오르죠.

내가 알게 모르게 무의식 속에서 결혼에 대한 부정적인 생각을 지니고 있다는 점에 항상 주의해야 합니다. 앞으로는 만나는 사람을 자주 바꾸는 것도 좀 생각해봐야 해요. 상대가 바뀔 때마다 결혼에 대한 부정적인 생각은 더욱 커집니다. 결혼을 안 하겠다고 정하지 말고 자연스럽게 내버려두면 결혼을 안 할 수 없는 사건이 터질 수 있습니다. 결혼을 안 할 수 없는 사건이 무엇이냐고요? 누군가 나에게 흠뻑 빠져서 당신이 좋다며 미친 듯이 다가오면 어떻게 하겠어요. 별로 좋아하지도 않는데 주변에서 좋다며 두 사람 사이를 붙여주는 때도 있죠. 어쩌다 보니 나도 모르게 어영부영 결혼을 안 할 수 없는 조건이 되어버리는 겁니다.

이렇게 어쩔 수 없이 결혼하게 되는 것을 제외하고는 기본적으로 결혼하겠다는 생각을 탁 놓아버리세요. 그러면 결혼에 대한 어떠한 부담도 없어지게 되겠죠. 꼭 결혼해야겠다는 생각을 하고 있으니까 자꾸 이런 고민이 되잖아요. 결혼하겠다는 생각이 없으면 고민 될 게 뭐가 있어요.

그러다가 일하면서 혹은 살면서 어떤 상황이 벌어져서 결혼을 안 할 수 없는 조건이 되면 그때 결혼하면 되잖아요. 결혼을 안 하겠다고 결심한 건 절대로 아니잖아요. 혼자 사는 데 별로 문제가 없다고 생각할 뿐이죠.

그러면 이런 문제는 더 이상 고민이 안 됩니다. 다시 한 번 설명하자면 결혼을 조금 쉽고 가볍게 여기는 거예요. 결혼 안 할 수 없을 만큼 어떤 문제가 발생하면 그때 가서 결혼하세요. '내가 너무 외로워서 도저히 견딜 수 없다. 그래서 남자라면 누구라도 좋다.'라는 심정이면 결혼하겠죠. 극단적인 예도 들어볼까요? 경제적으로 너무 어려워서 길거리에 나앉을 판인데 누가 공짜로 밥이라도 먹여주면 가서 하인 노릇이라도 하겠다는 각오일 때 바로 결혼하는 겁니다. 누군가 내가 좋다며 나에게 목매달듯 애정을 보내는 사람이 있으면, 이제까지 살면서 나 좋다고 쫓아다닌 사람도 없는데 애정을 호소하니 가상하겠죠. '그래도 뭐 나쁘지 않아, 그냥 살아보자.' 이런 마음이 일 때도 결혼하겠죠.

이런 특별한 경우가 생기지 않는 이상 혼자 살겠다고 마음먹으면 결혼에 관해 전혀 고민이 안 됩니다. 하지만 마흔 살을 넘기기 전에 나도 결혼을 해야겠다는 다짐이 있다면 내 마음을 바꾸려는 노력이 필요합니다. 나도 모르게 일어나는 상대에 대한 부정적인 생각을 없애야 해요. 상대를 볼 때 '이것도 마음에 들지 않고, 저것도 문제야.' 이런 생각이 떠오르면 스스로 '내가 또 결혼에 대한 부정적인 카르마, 무의식을 일으키는구나.' 하고 알아채야 합니다.

남자 친구로서는 잘 지내고 남자 동료나 선후배들과 술자리도 하면서 평소에 잘 지내는데 연애나 결혼으로 관계가 발전하려고 하면 관심이 떨어지는 증상이 자꾸 나타나는 이유는 아예 남자를 겁내서 나오는 행동은 아닙니다.

"평소 다른 사람들과 인간관계는 어떤가요? 다른 사람들이 본인에 대해 뭐라고 말하나요?"

"사실 연애뿐만 아니라 사람들과의 인간관계도 늘 겉돌고 깊이 있는 관계가 안 되는 것 같습니다. 함께하고 다들 즐거운데도 저만 불편한 느낌을 받을 때가 있어요. 다른 사람들은 그저 제가 조금 어둡거나 시원하게 웃지 않는다고 말하긴 하지만 성격은 좋고 편해 보인다고 하거든요."

옛날부터 "얌전한 개 부뚜막에 먼저 올라간다."라는 말이 있잖아

나도 모르게 일어나는 상대에 대한 부정적인 생각을 없애야 해요.
상대를 볼 때 '이것도 마음에 들지 않고, 저것도 문제야.'
이런 생각이 떠오르면 스스로 '내가 또 결혼에 대한 부정적인 카르마,
무의식을 일으키는구나.' 하고 알아채야 합니다.

요. 그런 사람들은 오히려 결혼을 빨리해요. 남자들과 스스럼없이 잘 사귀고 성격도 활달한데 결혼만 유독 잘 이뤄지지 않는 사람이 있어요. 지금 고민을 이야기하는 분 역시 주위에서 성격은 좋고 편하다는 평가를 받잖아요. 좋은 해결 방법은 자신이 문제를 알고, 그다음 실천 방법으로 기도를 하는 겁니다. 이분에게는 어떤 기도가 도움이 될까요? 지금까지의 이야기를 듣고 생각해보니 가장 먼저 부모님에 대한 감사 기도가 필요해 보입니다. 아버지에 대한 평가를 들으면 지금은 성인이 되어서 달라졌겠지만 어릴 때는 꽤 부정적이었을 겁니다. 그때 쌓였던 부정적인 감정이 많이 남아 있어요.

"한 100일 동안 어머니, 아버지한테 감사 기도를 좀 하세요."

부모님께 감사 기도를 드리는 동안 자연스럽게 변화가 올 거예요. 기도 내용은 다른 게 아닙니다. 아이고, 어머니, 아버지가 그동안 나를 키우느라고 얼마나 고생을 했을까? 내가 어릴 때는 미처 몰랐지만 한창때 우리 아버지도 힘들었겠다. 엄마는 아버지가 성질을 부릴 때마다 꾹꾹 참으며 인내하려니 얼마나 힘들었을까? 이 모든 것에 대해 '나를 키워주고 참 고마운 분이시다.'라고 감사 기도를 하는 겁니다.

그러면서 내 내면에 남아 있는 부모에 대한 부정적인 감정과 결혼에 대한 부정적인 인식을 없애는 겁니다. 이런 감정이 사라지면 나와 깊은 관계를 맺게 되는 사람을 부정적으로 보거나 두려워하는 것도 적어질 겁니다.

이별에 붙이는 반창고

04.

상처 없는 이별은 없습니다. 서로 합의로 잘 헤어졌다고 해도 내 마음 어느 한구석에는 이별이 남긴 생채기가 숨어 있다가 나도 모르는 사이 튀어나옵니다. 사랑에 올인하는 성격이라는 여자분이 연인과의 이별 후에 겪는 마음속 갈등을 털어놓았습니다.

"저는 햇수로 6년 동안 한 사람이랑 연애했어요. 스무 살부터 4년 동안 같이 살았고요. 결혼식은 올리지 않았고 혼인신고만 했었는데, 4년 동안 고민한 끝에 헤어졌습니다. 헤어진 지 3년이 됐어요. 이제 그만 산뜻하게 새 출발을 해서 홀가분하게 살고 싶은데 아직도 마음이 걸립니다. 어떻게 해야 할까요?"

"왜 헤어졌어요?"

"제가 먼저 상대를 선택했는데요. 끝까지 갈 자신이 없었습니다. 너무 잘 알아서요."

"뭐가 문제였어요? 그 사람을 비난하려는 게 아니라 공부거리로 이야기하는 거니까 이유를 말해보세요. 스스로 생각할 때 무슨 문제였나요?"

"미워하는 마음 없이 잘 헤어진 편이에요. 굳이 이유를 말하자면 제가 한 사람하고 오래 살다 보니, 저란 사람을 알게 됐습니다. 제가 남자한테 바라는 사항은 책임감 있는 남자였는데 스무 살에 만난 사람은 그런 분이 아니었습니다. 원하는 바가 다르니까, 서로 끝까지 가기는 어렵겠다는 생각이 들었죠. 서로 불편하게 지내는 것보다는 헤어지는 게 좋겠다 해서 결국 헤어졌어요."

6년 동안 이어진 연인 관계. 결국 이별로 끝났지만 원인과 결과를 찾기 위해서는 처음으로 돌아가야 합니다.

"두 사람이 처음 만나서는 뭐가 좋아서 사귀게 됐나요?"

"한참 선배님이라 나이 차이가 많이 났거든요. 제가 1학년이었고 상대는 복학생이어서 그때는 굉장히 나이 차이가 크게 느껴졌어요."

"상대에게 호감을 느끼게 된 이유가 뭐냐, 뭐가 좋았냐고 물었는데 엉뚱한 대답이 나오네요."

"좋았던 부분은 어른스러움이 좋았습니다."

"그런데 나이가 들어보니 내가 원하는 게 아니던가요?"

나이 차이가 크게 벌어지는 상대를 좋아하는 심리 현상은 특히 여자들에게는 어릴 때 아버지와의 관계가 영향을 끼칩니다. 이 경우도 비슷합니다.

"어릴 때 아버지하고 관계가 좋았나요? 부녀간에 정이 돈독했느냐고요."

"아니요. 자랄 때는 그리 사이가 좋지 않았는데 최근에 많이 좋아졌습니다."

어릴 때 아버지하고 사이가 안 좋았던 사람은 다른 친구들이 아버지와 친밀하게 지내는 관계가 늘 좋아 보이고 한편으로는 부러워합니다. 이런 심리는 아버지의 사랑에 대한 갈구와 비슷하죠. 나중에 성인이 되어서 이런 심리를 가진 사람 중 특히 여자는 나이 차이가 조금 벌어지는 상대에게 호감을 보이기 마련입니다. 남자와 사귈 때도 심리적으로는 아버지 같은 느낌이 드는 이성에게 호감을 느낍니다. 그런 상대가 눈에 빨리 들어오기도 하고, 가까이하게 됩니다. 일반적으로 평균적으로 그렇다는 겁니다.

남자라면 어머니와의 관계로 비슷한 심리를 읽을 수 있습니다. 예를 들면 어머니가 일찍 돌아가셨다거나 자랄 때 어머니의 사랑을 못 받은 경우겠죠. 그래서 어머니와 같은 따뜻한 품이 그리운데 그 따뜻함을 누리지 못했다는 아쉬움이 성인이 되어서도 남아 있는 겁니다. 이런 콤플렉스가 있는 사람은 무의식중에 자기보다 오히려 나이가 많은 연상의 여자가 포용해주는 사랑에 호감이 가고 사랑을 느끼는 경우가 많습니다. 이것 역시 과거 어릴 때의 기억에서 비롯된 자연스러운 심리 작용입니다.

그럼에도 어린 여자 친구를 만나 결혼을 하게 되고, 아내에게서 자신이 원하던 엄마 품과 같은 사랑을 느끼지 못하면 감정적으로 충돌이 일어나죠. 바람을 피워도 꼭 그런 상대를 찾아서 피우게 돼요.

남자든 여자든 마찬가지입니다. 도덕적으로 따지면 문제가 많죠. 하지만 인간의 내면세계, 마음의 흐름이라는 관점에서 바라보면 열에 하나 정도만 진짜 문제지, 아홉은 그럴 수밖에 없다는 결론이 나와요. 그들이 잘했다거나 옹호하는 건 아닙니다. 그래서 그걸 도덕적으로 문제 삼으면 해결되는 게 아니라 싸움만 되죠. 표현하자면 심리적인 상처라고 할까요? 이런 심리는 치유해 나가야 하거든요. 치유 과정을 거치면 서로 조화롭게 잘 살아갈 수 있습니다. 우리는 이런 일련의 과정을 수행이라고 합니다.

부처님한테 기도하며 빌었더니 어느 날 갑자기 남자가 바뀐 게 아닙니다. 여기서 생각해볼 문제는 서로 이렇게 마음을 조정해서 맞춰서 살 수 있겠느냐 입니다. 대부분 99퍼센트는 가능한데 어떤 경우에는 수행한다고 해도 이 마음을 조정해서 맞추기가, 자기 삶의 습관을 고치기가 너무 어려운 상대가 있습니다. 이럴 때는 오히려 깔끔하게 헤어지는 게 에너지를 덜 낭비한다고 볼 수도 있습니다. 가능성이 있고 근본적으로 가능하지만 현실적으로 어려울 때는 오히려 그만두는 편이 더 나은 경우도 있다는 점을 기억하세요.

나보다 연상을 좋아하고 나이 차이 많이 나는 상대에게 기대는 습관이 어디에서 비롯된 문제인지는 이제 파악할 수 있겠죠? 그런 심리는 어릴 때 내가 봐 왔던 가족의 모습에서 형성된 것입니다. 이제 내가 선택한 상대에 대해서 알아볼까요.

어릴 때는 상대가 어른스럽다고 느끼고 매력을 느꼈는데 같이 지내면서 나이가 어느 정도 들면 생각이 달라집니다. 나이 들어보니까 상대 역시 나와 비슷한 또래일 뿐이고 어른스럽지 못한 사람이라는 사실을 깨닫게 된 겁니다. 상대에게 책임감이 없다고 느낀 이유는 결국 내가 바라던 아버지 같은 인상을 주지 못했다는 겁니다. 아버지의 모습을 떠올려보세요. 무슨 문제든지 나를 최우선으로 보호해주고 경제적으로 지원을 아끼지 않고 나에게 헌신하시죠?

자기의 욕구가 무의식적으로 발현되었던 아버지에 대한 애정 결핍이 그와 유사한 모습의 남자를 선택하게 했지만 그 사람은 아버지와 같을 수 없습니다. 결국 그런 남자를 만나고 그 남자를 떠나는 것도 같은 이유입니다. 아버지 같지 않기 때문에 결국 떠나게 되는 거죠. 어릴 때는 아버지 같아서 만났고, 결국은 아버지 같지 않아 이별을 선택한 거예요. 가만히 생각해보면 이 커플의 이별은 상대의 문제가 아니라 자신, 나의 문제 때문입니다.

그러면 내가 무엇을 극복해야 할까요? 어릴 때 결핍된 부분, 그러니까 의지하고 싶은데 의지가 충분히 안 된 상처 말입니다. 내가 마음을 사로잡아서 의지하고자 하는 이것을 극복해야 해요. 앞으로 새로운 사람을 만나거나 결혼할 때도 무의식적으로 이런 상처가 남아 있다가 작용하면 또 관계 유지에 실패하고 상처받기 쉽습니다. 결혼해서 살면서 남자가 돈을 잘 못 벌거나 이 남자가 부부 관계를 잘 유지하지 못하거나 하면 나중에 실망하게 된다는 말입니다.

지금 우리가 살고 있는 사회는 남녀 평등한 사회가 아닙니까? 그러니까 남자가 돈을 벌어야 한다거나 나보다 잘 벌어야 한다는 생각은 버리세요. 비단 금전적인 문제만은 아닙니다. 남자라면 나보다 키가 더 커야지, 남자가 나보다 똑똑해야지 하는 생각도 마찬가지로 폐기하세요. 여자가 능력이 있으면 더 돈을 많이 벌 수도 있잖아요. 사귀다 보면 나보다 남자가 어릴 수도 있고요. 이런 자유로운 분위기 속에서 새로운 시대에 맞게 내 삶을 선택해야 합니다. 내 앞에 펼쳐진 사회는 21세기 현대사회이고, 학교에서 배우는 공부도 현대사회인데, 내 무의식 세계에는 과거의 의식이 배어 있어 지금 마음과 의식이 상충하는 거예요.

다음부터는 의지할 때 또는 의지심이 일어나서 그런 선택을 할 때 그것에 대한 부작용을 미리 알면 준비할 수 있습니다. 내가 의지심에 이런 선택을 하면 또 실망할 여지가 있다는 걸 미리 알아채고 조율을 할 수 있죠. 실망을 할 때도 '이것은 네가 미리 알고 있지 않았느냐.'라는 자세로 실망하면 전처럼 큰 충격으로 느껴지지 않을 겁니다.

마치 이런 이야기와 같습니다. 쉽게 등산에 비유해봅시다. 우리가 산에 갈 때 높은 산에 가는 줄 모르고 슬리퍼를 신고 갔는데 갑자기 높은 산에 오르라고 하면 굉장히 큰 문제겠죠. 반대로 높은 산에 간다는 걸 미리 알고 등산화를 신고 단단히 준비해서 나가면 높은 산도 그리 문제가 안 됩니다. 내 삶에서 그와 같은 이치로 어떤 선택을 할 때 '이 선택의 결과는 이렇게 나오고 아마 이런 문제가 있을 거다' 하고 미리 알고 대응하면 그 결과는 더 이상 나를 괴롭힐 수 없습니다.

그래서 과거에 연연하기보다 그 결과를 하나의 경험으로 치부해버리면 더 이상 상처받는 일은 생기지 않습니다. 내가 어려서 이런 원인과 결과를 잘 몰라서 시행착오를 거듭했구나 생각하면 되는 겁니다. 새로운 시작을 앞두고도 사랑을 처음 시작하던 과거와는 다르게 결과를 내가 미리 내다보고 그에 따르는 책임을 가지고 시작하면 되는 겁니다.

한 사람과 6년, 4년 이어졌던 인연의 관계를 낭비로 생각할 필요도 없고 상처로 생각할 이유도 없습니다. 그 경험을 통해서 내 마음의 상태를 알게 된 계기로 삼는 거예요. 만일 결혼 후에 아이까지 있는 상황에서 이와 비슷한 문제가 발생했다면 어떻게 했겠어요? 보통 문제가 아니잖아요. 지금보다 훨씬 더 심각한 문제로 내 인생과 아이 인생에까지 영향을 끼쳤을 것이 분명합니다.

그러니까 참 다행이다 하고 헤어진 상대방을 고맙게 생각해야 해요. '인생의 계단에서 미처 모르고 헛디딜 것을 당신과 살면서 당신을 통해서 나의 문제를 자각했다. 그러니 당신은 참 고마운 사람이다.' 이렇게 말입니다. '나와 헤어진 너는 무책임한 인간이다.' 이렇게 생각하지 마시라는 뜻입니다.

내가 나를 알 수 있도록 깨우쳐준 사람이라고 생각하면서 오늘부터 할 일이 있습니다. 종교적인 의미를 부여하지 말고 날마다 108배를 하는 겁니다. 절을 하면서 그 남자에 대해 '정말 당신은 고마운 사람이에요. 당신 덕분에 내 문제를 알게 되었고 앞으로 내가 바르게 살 수 있는, 내 인생을 내가 책임질 수 있는 길이 열리게 됐습니다. 나를 이렇게 도와주셔서 너무너무 감사합니다.' 하면서 기도하세요.

100일 정도 이렇게 감사 기도를 하면 오히려 마음속에 남아 있던 옛사랑에 대한 연상도 사라지고 그 사람도 좋은 이미지만 남을 겁니다. 좋은 이미지란 미련이 아니라 감사한 사람의 이미지만 남게 된다는 뜻입니다. 백일기도를 하면서 3년 동안 버리지 못했던 마음 한구석의 미련은 사라지겠죠. 그러면 그게 다음 연애 생활이나 결혼 생활에도 긍정적으로 작용하게 됩니다. 지금 실패한 옛사랑의 기억 때문에 괴로운 사람이 있다면 오늘부터 이 방법을 실천해보세요.

착한 엄마 딸, 나쁜 아빠 아들

05.

결혼을 앞둔 사람들이 이런저런 고민으로 저를 찾아옵니다. 결혼 적령기라고 하는 연령대의 남녀는 현실적인 문제부터 사랑에 대한 확신까지 더 깊은 고민에 빠집니다. 여기 소개할 사람의 이야기는 나이는 적지 않지만 소위 나잇값을 제대로 못 해 고민하는 사람입니다. 나잇값이란 다른 것이 아니라 제 나이에 어울리는 확실한 인생관이 없다는 뜻에서 하는 말입니다.

"저는 결혼이 굉장히 하고 싶은, 나이 꽉 찬 미혼 여성입니다. 사실 작년에 사랑하는 사람을 만나서 결혼까지 생각하는데, 문제가 하나 생겼어요. 어머니가 그 친구의 직업이 마음에 안 든다는 이유로 완강하게 반대하세요. 스님, 저를 지금까지 잘 키워주시고 너무나 고마운 부모님의 반대를 무릅쓰고 제가 고집대로 결혼해야 할까요, 아니면 자식 된 도리로 포기하는 게 나을까요?"

"올해 몇 살이에요?"

"서른세 살입니다."

"스무 살이 넘으면 부모님이 반대하더라도 결혼하면 돼요. 내일이라도 둘이 조계사 법당에 가서 절하고 그냥 결혼하세요. 무엇 때문에 부모 눈치를 봐요?"

"저도 그러고 싶은 마음도 있지만 다들 행복한 축복 속에서 결혼하고 싶어하잖아요. 상대에게도 그런 점에서 미안해요."

"결혼식장에서 뻔쩍뻔쩍하게 하는 예식은 실속이 없는 거예요. 그러니까 그냥 해버리세요."

결혼을 계획하는 예비부부들과 만나다 보면 가끔 이렇게 부모님이 결혼을 반대한다며 괴로움을 호소하는 사람들이 있습니다. 어느 쌍이 찾아와도 제 대답은 같습니다. 물어볼 필요도 없는 질문이기 때문입니다. 부모님의 반대로 고민한다는 핑계를 대는 것은 진짜 사랑이 아니기 때문이에요. 가슴속에서 진실로 '나는 이 사람이 없으면 안 된

부모가 반대하는 결혼도 크게 문제될 게 없어요.
자신의 인생관이 뚜렷하고 사랑을 믿고 스스로 행복하게 살겠다는
의지만 있으면 그 어떤 미래가 닥쳐도 헤쳐 나갈 수 있습니다.

다.'라고 생각하면 부모가 반대하든 주변 사람이 말리든 사랑하는 사람만 믿고 결혼하겠죠. 그렇지 않기 때문에 주변의 반대 의견에 마음이 흔들리고 고민하는 겁니다.

화려한 예식을 좋아하나요? 결혼식장에서 드레스도 입고 현란한 조명 아래 음악 소리에 발맞춰 행진해야만 축복받는 결혼일까요? 불교식 예식은 주례도 필요 없이 꽃 일곱 송이만 있으면 끝입니다. 법당에서 꽃 일곱 송이를 쥐고 있다가 남자는 아내 될 여자에게 "당신을 사랑합니다."라고 말하고, 여자는 남편이 될 남자에게 "당신을 사랑합니다."라고 하면서 꽃을 서로 교환합니다. 그 꽃을 부처님께 올리고 절을 하면 부처님이 주례를 선 예식이 끝납니다. 간단하지요? 이렇게 간단한 혼례라면 절차나 형식 문제로 고민할 일도 없습니다.

"나이가 서른세 살이나 되면서 부모가 반대한다고 고민이라는 사랑. 그러면서 '사랑'이라는 말을 입에 담지 마세요. 담을 자격도 없습니다."

"하지만 스님, 자식으로서 부모님한테 너무 죄송해요."

"죄송할 것 하나도 없습니다."

"제가 죄송한 마음을 먹지 않아도 되나요?"

"간단하게 말해서, 지금 결혼을 반대하는 분들은 부모가 아니라 사랑을 방해하는 '사탄'쯤으로 생각하세요."

"스님, 어머니가 스님을 굉장히 좋아하시는데, 제 어머니한테 말씀 좀 해주시면 안 될까요?"

"나는 남의 일에 관여할 이유도 자격도 없어요. 솔직히 나도 결혼을 안 한 처지인데 내가 뭐라고 남의 결혼 문제에 관여하겠어요?"

결혼하면서 부모님이 축복해줘야 한다고 말합니다. 그 말은 부모한테 뭔가 기대하는 게 있다는 겁니다. 결혼하면서 그것까지 다 얻고 싶은 마음이 숨어 있는 것이죠. 하지만 부모가 반대한다면, 안 되는 걸 어떻게 하겠어요? 스님이 가서 좋은 이야기도 해주고 부모님도 설득해주면 좋겠다고요? 스님도 그건 하기 싫은데요. 그게 인생이에요.

결국 내 결혼이니까 부모가 반대해도 그냥 내가 결혼하면 됩니다. 그 대신 부모가 축복해주기를 기대해서도 안 되고, 부모가 경제적으로 지원해주기를 기대해서도 안 됩니다. 내가 결혼을 선택했으니 부모의 축복이나 경제적 지원은 딱 포기하라는 뜻입니다.

그동안 제가 결혼식에서 주례를 맡은 경우가 두어 번 됩니다. 사실 나도 결혼을 안 했는데 무슨 남의 결혼 주례냐 싶어서 주례 부탁이 들어와도 정중하게 거절하는데 두 경우는 예외였습니다. 두 번의 주례 중 하나는 부모님이 결혼을 반대하는 연인이었습니다. 둘은 서로 너무 사랑해 꼭 결혼하고 싶어하는데 부모님이 반대했어요. 그래서 제가 주례를 서줬습니다.

부모님이 반대하는 결혼을 하려면 기억해두어야 할 것이 있습니다. 반대를 무릅쓰고 하는 결혼은 부모가 찬성하는 결혼보다 불행할 확률이 높습니다. 부모가 반대하기 때문에 불행해지느냐고 묻는 사람도 있을 겁니다. 절대 그런 뜻이 아니에요. 결혼해 두 사람이 함께 살면 처음에는 마냥 좋지만 시간이 지날수록 서로 사소한 것부터 큰일까지 갈등이 생깁니다. 부부 사이의 갈등은 서로 다른 남녀가 만났기에 자연스럽게 발생합니다.

문제는 이 갈등에 대처하는 방식입니다. 부부 사이에 갈등이 생겼을 때 부모가 반대하는 결혼을 해놓고 '아, 이래서 엄마가 반대했구나, 엄마 말 들을 걸······.' 하면서 후회하는 사람이 있습니다. 그러고는 결혼을 끝장내는 쪽으로 행동합니다. 결혼을 반대하던 엄마를 다시 자기편으로 끌어들이는 겁니다. 지금까지 엄마는 결혼을 반대하는 방해꾼이었는데 이번에는 자기편이 되기를 바라는 거죠. 본래 결혼을 반대하던 엄마는 두 사람이 싸우고 갈등의 골이 깊어지면 이렇게 말합니다.

"거봐라. 내 말 안 듣더니 내가 그럴 줄 알았다. 이 니은 여 니은아. 지금이라도 늦지 않았으니 당장 짐 싸들고 들어와. 다 그만둬."

부모가 갈등을 해결해주지는 못할망정 오히려 결혼을 끝장내려는 태도로 자식에게 호응합니다. 그 뒤에 다가올 일에 대해서는 그림이 그려지지요? 그래서 부모가 반대하는 결혼은 자칫하면 갈등을 극복하지 못하거나 시련을 만나면 실패할 확률이 훨씬 높습니다. 또한 부모 반대까지 무릅쓰고 결혼했는데 내가 잘 살지 못했다는 자책감과 실망감이 보통 사람보다 몇 배 더 됩니다.

그런 사실을 미리 알고 결혼해야 해요. 앞으로 둘이 어떤 갈등을 겪거나 문제가 생기더라도 정말 사랑해서, 서로 포용해낼 각오를 해야 합니다. 지금 부모가 반대하는 결혼을 하기 때문에 내 스스로 어떤 난관이 와도 이겨내겠다는 각오가 있어야 합니다. 그리고 보란 듯이 잘 살아보겠다는 다짐과 이를 위해 노력하는 자세가 필요합니다.

이러한 현명함으로 갈등을 극복해 가며 행복하게 살면 나중에 부모와의 관계는 어떻게 변할까요? 옛말에 '자식 이기는 부모 없다.'고, 부모님도 처음에는 반대했더라도 행복하게 잘 살면 나중에는 지지해줍니다. 설사 부모님이 지지해주지 않는다고 한들 무슨 상관이에요. 조금 냉정하게 말하면, 결혼하면서 집을 떠나 새로운 가족구성원으로 독립하기 때문에 남이에요. 지금 부모님이 결혼을 반대한다고 고민하는 사람은 심지가 약하고 평소 어머니한테 의지하는 게 많을 겁니다. 나쁘게 말해서 부모님에게 약간의 떡고물이라도 얻어먹으려는 생각이 무의식중에 있어요. 그런 생각을 딱 끊어야 합니다.

지금까지 고민을 털어놓은 자식의 입장에서 생각해보았다면 결혼을 반대하는 부모님의 생각을 한번 알아봅시다. 부모 입장에서 이런 결혼을 반대하는 것은 너무나 당연합니다. 직업이 마음에 들지 않는다는 것이 표면적인 이유입니다만, 아마도 금전적인 문제나 외부 환경 등 결혼 조건이 크게 영향을 끼쳤겠죠. 곱게 키운 딸이 결혼해서 고생하며 사는 모습을 바라는 부모님은 한 분도 없으실 테니까요. 반대로 남자의 경우에도 곱게 키우진 않았더라도 부모라면 아들이 참하고 건실한 아내를 만나 내조 잘 받으면서 성공적으로 살기를 바라는 마음일 것입니다.

부모가 뜯어말리는 결혼을 강행하는 자식. 이런 경우 결혼 과정에서 부모는 경제적으로 지원해줄 권리가 있을까요, 없을까요? '권리'라고 표현했지만 이 권리란 결혼에 반대하거나 찬성할 권리, 경제적으로 지원을 해주거나 말거나 할 권리로 한정해 말합니다. 부모는 자식의 결혼에 대해서 자기 의사를 낼 자격이 있습니다. 또한 자식이 부모의 말을 듣지 않으면 경제적 지원을 끊어버릴 권리가 있습니다. 자기 돈인데 자기 마음대로 하지, 왜 못 하겠어요? 그걸 인정해야 해요. 만약 부모님이 주실 떡고물이 갖고 싶다면 부모가 반대하는 상대를 사랑해도 포기해야겠죠. 이 심리를 단적으로 비유하자면 조건 좋은 남자와 사랑하는 남자, 둘 중 누구를 선택할 것이냐와 똑같은 거예요.

다른 예이지만 결혼을 앞두고 두 사람의 궁합이 안 좋다고 고민하는 사람들도 있습니다. 부모님이 반대하는 이유 중 궁합이 안 좋다는 것도 손꼽히는 이유죠. 우리 한번 생각해봅시다. 사랑한다면 궁합이 좋네, 안 좋네 하는 것은 별다른 장애가 될 수 없습니다. 궁합이 안 좋으면 어때요? 궁합이 안 좋아 3년 살고 죽는다는 최악의 소리를 들었다 칩시다. 3년 살다 죽어도 좋은 일 아니에요? 내가 사랑하는 사람과 3년이나 살아본 거잖아요. 궁합 안 좋다는 소리를 듣고 결혼을 포기했다면 3년도 못 살아봤겠죠. 그 미련만 가득 남았을 겁니다.

좋아하는 사람과 한번 살아봤으니 이제 혼자 살아도 좋고, 좀 덜 좋아해도 함께 살 수 있겠죠. 인생을 사랑하는 사람과도 살아봤고 덜 좋아하는 사람과도 살아봤으니 경험이 두 개나 생기는 거잖아요. 손해일 게 뭐가 있겠어요? 그런데 궁합은 왜 보고, 좋네, 안 좋네 하는 말에 귀를 기울일 이유가 뭐가 있나요? '나쁘면 어때, 내가 사랑하는데 손해를 좀 감수해야지.' 이런 마음이 있어야죠. 나쁜 건 싫다고 회피하며 계속 주판알을 튕기듯 계산하니까 복잡한 거예요.

오늘 어머니한테 가서 "어머니, 저는 이 남자하고 결혼하겠습니다."라고 말씀드리세요. 어머니가 부모 자식의 인연을 끊겠다고 하며 결사반대하시면, 부모님께 당분간 인연을 끊겠다고 하세요. 그러면서 부모님께 절하고 감사 인사도 드리고 나오세요. 아무 준비도 없이 부모님께 선전포고 하듯 "내 마음대로 결혼할래요!" 하며 덜렁 집을 나와 놓고 오갈 데 없어서 사흘 만에 집으로 들어가 "엄마, 미안해." 하면서 비굴하게 행동하는 건 안 됩니다. 부모님께 인사하고 바로 보따리 들고 나갈 수 있도록 미리 결혼 준비를 해놓고 마지막 결판을 내는 게 좋겠죠.

"어머니, 아버지, 뜻을 못 받들어서 정말 죄송합니다. 그러나 제가 언제까지나 세 살 먹은 어린아이도 아니고 제 인생은 제가 살아야 하겠기에 이제 독립하겠습니다. 그동안 키워주시고 먹여주시고 사랑해주신 것 너무 감사합니다."

집을 나오라고 말했지만 부모를 미워하라는 뜻은 아닙니다. 내 결혼을 반대하는 엄마, 아빠가 미우니까 다시는 집에 돌아가지 않겠다는 마음은 곤란합니다. 결혼 허락을 안 해주니까 미워하고 원망하는 마음을 품는 것은 지금까지 키워주신 부모님에게 배은망덕한 것이죠. 오히려 그동안 잘 키워주신 부모님에 대해서는 감사한 마음으로 인사를 드리고, 부모님의 뜻을 따르지 못하는 점에 대해서는 미안해하고 죄송한 마음을 지녀야 합니다. 괜히 내 앞길 가로막는 부모라며 미워하는 마음이 내 인생에 작용하면 안 됩니다. "지금까지 이렇게 키워줘서 고맙습니다." 하면서 독립하는 겁니다.

그동안 부모가 결혼을 반대해 고민하는 연인들을 종종 만나 왔습니다. 그중 기억나는 커플은 남자 집에서 여자 나이가 더 많다는 이유로 결혼을 반대했습니다. 지금 어떻게 살고 있느냐고요? 아들 낳고 잘 삽니다. 요즘은 그 댁 부모님이 며느리와 손자가 예뻐서 못 견딜 정도로 사랑을 듬뿍 받고 있습니다. 또 한 번은 외국인 남자와 결혼한다고 집에서 완전히 난리가 난 여자분도 있었습니다. 결혼 후에 외국인 사위가 잘하니까 결혼을 결사반대하던 어머니도 지금은 그저 "내 사위, 내 사위." 한다는 이야기를 전해 들었습니다.

몇몇 사례를 예로 들었습니다만 부모가 반대하는 결혼도 크게 문제 될 게 없어요. 자신의 인생관이 뚜렷하고 사랑을 믿고 스스로 행복하게 살겠다는 의지만 있으면 그 어떤 미래가 닥쳐도 헤쳐 나갈 수 있습니다.

먹지도 뱉지도 못하는 나쁜 약

06.

남자한테 상처를 크게 받아 우울증도 생기고 항상 부정적으로 생각하게 된다며 어떻게 해야 좋을지 물어 온 사람이 있습니다. 올해 스물일곱 살이라는 이 여자분은 얼핏 보기에도 안색이 안 좋아 보였습니다. 사랑 때문에 건강도 잃고 마음의 병도 앓고 있는 겁니다. 더욱이 자신의 인생에 안 좋은 영향을 받고 있다는 것이 문제였습니다.

"스무 살 때 그 남자를 처음 만났고 스물네 살 때 배신당했어요. 결혼을 전제로 4년을 사귀었는데 그 남자가 제게 상처를 크게 주면서 갑자기 등을 돌렸습니다. 그 뒤 혼자 2년을 지내다가 최근에 그 남자를 다시 만났어요. 제가 좋아해서 만나고는 있는데 너무 힘들고 우울하고 어떻게 해야 할지도 모르겠고 감당이 잘 안 돼요."

"어떻게 배신했어요?"

"제가 먼저 좋아했지만 그 남자한테 성격적 문제가 있어서 제가 관계를 끊었어요. 그런데 제가 끊으니까 오히려 눈이 뒤집힌 것처럼 좋아한다며 결혼하자고 하더라고요. 저도 다시 마음을 열기 시작했죠. 저는 완전히 결혼할 거라고 믿었고, 엄마, 아빠도 그렇게 알고 있었는데……. 마치 두 얼굴을 가진 사람처럼 돌변하더라고요. 저한테 나쁜 소리도 많이 하고 다른 여자가 좋다고 말하고 그러면서 때리기도 했어요. 찾아가면 때리고 욕하고 나쁘게 행동하고 아예 저를 만나주지도 않았어요."

"그러면 배신이에요? 내 마음에 안 들면 배신인가요?"

이야기를 듣고 보니 이 여자분이 겪는 마음의 고민과 갈등은 상대 남자 문제가 아니라 본인의 심리적인 문제라는 생각이 듭니다. 물론 그 남자한테 책임을 뒤집어씌우면 본인한테는 그 남자 책임이 되겠지요. 그러나 냉정하게 말해서 내가 누구를 좋아하는 것은 내 자유이고, 그 사람이 나를 안 좋아하는 것은 그 사람의 자유랍니다.

한 가지 예를 들어보죠. 서로 좋아하던 남녀가 하룻밤을 보내고 아

상대 남자를 미워했다가 좋아했다가 하루에도 수십 번 변하니
마음이 천길만길 헤매며 고통스럽죠. 이럴 때 옆에서 누군가 이야기해주면
마음을 잘 다스릴 수 있을 것 같지요? 아닙니다. 이렇게 자기 통제가
안 될 때는 옆에서 아무도 도와줄 수가 없습니다. 내가 원하는 것만
듣고 원하는 것만 이야기하기 때문이에요.

기가 생겼어요. 그러고는 남자가 도망을 가버렸다고 가정해봅시다. 누구나 들으면 남자더러 나쁜 놈, 책임감 없는 놈이라고 말하겠지만 그래도 결과적으로 그건 자유예요. 종종 인간의 속성을 동물과 비교하는데 이런 사태를 동물 세계에서 찾아볼까요? 동물 세계에서 하룻밤 보내고 암컷에게 새끼가 생겼는데 수컷이 도망가는 일은 비일비재합니다. 그래도 암컷이 도망간 수컷이 밉다며 새끼를 죽이는 일은 없어요. 그냥 혼자서 돌보며 키우죠.

우리 옛이야기를 하나 살펴봅시다. 고구려 건국 설화에 등장하는 유화 부인 이야기입니다. 유화가 동생과 함께 봄날 들꽃 구경을 갔습니다. 거기서 귀한 마차를 탄, 요즘으로 말하면 고급 승용차를 타고 온 사람과 만납니다. 그 남자는 천제(天帝)의 아들 해모수라고 말합니다. 천제의 아들이라는 것은 하늘의 아들이라는 말로 결국 천황이라는 뜻입니다. 하늘 아래의 모든 산하대지(山河大地)가 전부 천황의 것이죠. 요즘처럼 내가 널 좋아한다는 고백은 없었지만 두 사람은 함께 하룻밤을 보냈습니다.

다음 날 남자는 너를 데리러 오겠다는 말을 남기고 떠났습니다. 불행히도 그렇게 간 뒤 연락이 없었어요. 여자가 집에 돌아가니 부모가 결혼을 시키려고 하고 딸은 결혼을 안 하겠다고 하죠. 자초지종을 물어보니 부모 허락도 없이 외간 남자하고 관계를 맺은 거예요. 해결법은 돌아오지 않는 남자를 포기하면 되는데 부모가 아무리 말해도 말을 안 듣고 그 남자를 기다립니다. 결국 유화는 집에서 쫓겨나 산에서 움막을 치고 혼자서 살아갑니다.

유배 생활을 하던 유화는 사냥을 나온 동부여의 왕과 만납니다. 사연을 들은 왕은 그녀를 궁으로 데려가 제2부인으로 삼죠. 그때 유화 부인은 이미 배 속에 해모수의 아이가 있던 상태였습니다. 설화에는 유화 부인이 알을 낳았는데 동부여의 왕이 갖다 버려도 도로 돌아와 어쩔 수 없이 키우게 되었다는 내용이 나옵니다.

아버지가 다른 아이였으니 다른 형제들에게 괄시를 받는 신세이지만 유화 부인은 아들에게 '너의 아버지는 천제의 아들이고 너는 그 해모수의 아들'이라고 자긍심을 심어줍니다. 다른 형제나 하물며 왕보다도 더 높은 신분의 사람이라고 늘 강조한 것이죠. 후에 이 아들이 독립해 세운 나라가 고구려입니다. 아들의 이름은 주몽이고요. 주몽이 단군의 후손으로서 고조선의 옛 땅을 되찾겠다며 대제국 고구려를 건설하게 된 데는 어머니가 심어준 원대함이 영향을 끼쳤습니다.

설화를 예로 들었습니다만, 이 이야기에서도 어머니의 교육과 행동이 아이에게 큰 영향을 끼쳤다는 것을 알 수 있습니다. 만약 유화 부인이 봄날 꽃놀이에서 우연히 만난 그 남자를 사기꾼이라고 여겼으면 어땠을까요? 사기꾼한테 속아서 몸 버리고 신세를 망친 여자가 되었을 것이고 이야기는 거기서 끝났겠죠. 하지만 천제의 아들이라는 말을 믿고 자신이 낳은 아들에게 나중에 그 말을 전하며 원대한 꿈을 꾸게 했습니다. 막말로 주몽은 요즘으로 따지면 사생아인데 '아버지가 천제의 아들'이라고 어릴 때부터 이야기해주니 결국 대제국을 건설해 왕이 되었습니다.

이미 그 남자를 만났고 같이 지낸 시간은 지나갔습니다. 만약 그 남자를 나쁘게 생각하고 그와 함께 보낸 시간을 후회하면 결과적으로 '나'만 괴롭습니다. 남자가 나를 배신했다고 생각하면 '내가 눈이 삐었지. 사람 보는 눈이 없어서인데 누구를 탓하겠어.' 하면서 자책감에 시달립니다. 그 남자를 배신자라고 하면서도 그리운 마음에 다시 만나는 것은 애증이고 일종의 정신병이에요. 이런 행동이 일어나는 기질은 본인의 심리적인 분열과 취약성 때문입니다. 그러고는 본인 스스로 이런 행동을 못 견디는 거예요. 배신을 당했기 때문에 못 견디는 게 아니라 지금의 나를 못 견딘다는 것이죠. 스스로의 괴로움을 해결하기 위해서는 그 남자의 이야기는 할 필요도 없습니다. 그렇게 나를 배신하고 떠났는데 왜 다시 만납니까? 이것은 분명히 이중성격이죠. 하물며 헤어지며 나를 욕하고 폭력을 행사한 남자를 왜 다시 만나요? 여러분 생각에는 이분이 정상으로 보입니까? 내 형제나 친구라면 "미쳤어. 제정신이 아니야."라고 말하지 않겠습니까?

지금이 어떤 시대인데……. 새끼손가락으로 건드리기만 해도 '하! 이 인간 봐라!' 하면서 딱 끝내버려야죠. 우리가 살고 있는 지금 이 시대는 남녀가 평등한 사회입니다. 남자에게 질질 끌려가며 살 이유가 전혀 없습니다. 더구나 남자 때문에 내 인생을 피폐하게 할 이유가 있어요? 자존심이 없습니까?

결혼 생활 중이라도 비슷합니다. 남편이 바람을 피웠다고 해봅시다. 나보다 더 좋아하는 여자가 생겼다면 두 번 쳐다볼 게 뭐 있습니까? 인물이 소용 있습니까, 재산이 눈에 들어옵니까? '그래, 그동안 잘 살았다. 잘 있어라.' 하면서 그냥 끝내버리면 되지 않습니까? 그렇게 하지 못하는 이유는 내 마음속에 욕심이 있기 때문입니다. '지금 내 나이에 어디 가서 저만한 인간을 찾겠어?'라고 생각하는 거죠. 차라리 이렇게 생각하면 그냥 그까짓 것 하면서 눈감아버리고 살아야죠. 누구의 결정도 아니라 내 결정이에요. 상대를 욕한다고 문제가 해결되지 않습니다.

요즘 스마트폰이 대세라죠? 내가 휴대전화를 새로 사야 하는데 스마트폰을 못 사는 이유는 더 좋은 게 나올 때까지 기다리느라고 그래요. 내가 결혼 못 하는 이유는 더 좋은 여자가 나타날까 싶어서 기다리는 거예요. 절대로 결혼 안 하겠다고 이렇게 혼자 있는 건 아니랍니다. 사람은 이렇게 더 좋은 것이 나올 때를 생각하며 희망을 품고 사는 존재입니다.

상대 남자를 미워했다가 좋아했다가 하루에도 수십 번 변하니 마음이 천길만길 헤매며 고통스럽죠. 이럴 때 옆에서 누군가 이야기해주면 마음을 잘 다스릴 수 있을 것 같지요? 아닙니다. 이렇게 자기 통제가 안 될 때는 옆에서 아무도 도와줄 수가 없습니다. 내가 원하는 것만 듣고 원하는 것만 이야기하기 때문이에요. 아무리 이야기해봐야 똑같은 일이 반복될 뿐이에요. 지금 상태로 봐서는 상담이든 필요하면 약물 치료든 외부의 물리적 도움을 받는 것이 좋겠습니다. 그런 과정을 통해 자신의 상처를 드러내고 마음의 밑바닥 끝까지 들여다보는 과정이 필요합니다. 그러면서 분석해보고 상처를 치유하면서 먼저 몸도 마음도 건강을 회복해야 합니다.

"그 남자는 오늘로 끝내세요. 다시는 안 만난다는 다짐이 아니라 내 상처를 먼저 치유한다고 다짐하세요."

그래서 내가 건강해져야 합니다. 지금처럼 상대를 미워했다가 매달리는 식으로 행동하니까 남자가 화를 못 견디고 주먹을 날리는 사태까지 벌어지는 거예요. 남자는 여자를 불쌍하고 어떻게 보면 껌 조각처럼 딱 붙어 귀찮기 짝이 없는 존재로 여기고 있을지도 모릅니다. 시간이 갈수록 내 모습은 초라해집니다. 이렇게 가다 보면 나중에는 '내가 이 세상에 없는 게 최선이다.'라며 위험한 선택을 하게 될지도 모릅니다.

"그 정도로 위험한 상태는 아니에요. 변명처럼 들리겠지만 그 남자가 저한테 나쁜 걸 알기에 끊으려고 항상 노력해 왔어요. 그런데 엄마가 계속 붙여놔요. 엄마가 상담 치료를 받으라고 해서 상담을 받는데 선생님은 제게 그 남자와 다시 만나 결혼을 하라고 조언하세요."

상담하는 사람이 그 남자와 결혼을 하라, 하지 마라 말하는 것은 잘못된 거예요. 상담자는 결정을 해주는 사람이 아닙니다. 상담은 지금 상태가 어떤가, 그 사람의 이야기를 들어주고 그가 결정하도록 도와주는 것입니다. 저 역시 십 대부터 육십 대까지 다양한 사람들을 만나서 인생의 고민을 상담하고 있습니다만, 제가 말한다고 '스님이 이렇게 하라고 했어.'라며 그대로 따라 하는 건 아니라고 말합니다. 상담 선생님이 그 남자와 다시 만나라고 권했다는데 그보다는 그 남자를 만나고 싶으니까 본인 귀에 그렇게 들리는 것일 수도 있습니다.

 이분께도 그 남자가 좋다, 나쁘다 말하고 싶지 않습니다. 그 남자가 좋다, 나쁘다 하는 것은 모두 내 상처 때문에 생긴 것입니다. 지금은 상대 남자가 이렇다 저렇다 따지는 것이 아니라 나부터 정신 차려야 합니다. 그리고 정신과 육체를 먼저 건강하게 만들어야 해요. 그 남자가 좋다, 밉다는 식으로 생각하며 괴로워하지 마세요. 만나겠다, 혹은 안 만나겠다는 생각도 지금은 잠시 접어두세요. 자기통제가 안 되면 옆에서 그 누가 말해도 도울 수 없습니다. 마음 한쪽으로는 미워하고 다른 한쪽으로는 집착하는 마음의 이중성부터 끊어버리세요. 가장 먼저 할 일은 내가 살고 봐야 하니까 먼저 건강해져야겠다고 마음먹고 실천하는 겁니다.

감사합니다, 배신자여

07.

"스님이 하신 말씀 중에 헤어진 상대에게 나를 떠나줘서 고맙다고 108배를 하라는 조언이 기억에 남습니다. 저 역시 그동안 연애하면서 헤어진 상대가 꽤 여러 명인데, 사실 스님 말씀이 좀 이해가 안 갑니다. 도대체 나를 버리고 떠난 사람이 뭐가 예쁘다고 절까지 하며 빌어야 하죠?"

헤어진 남자 친구를 위해 기도를 해주라고 말했더니 나중에 이렇게 묻는 사람이 있어요. 제 말의 의미를 잘못 생각한 사람이지만, 언뜻 이와 비슷하게 오해하는 사람이 있을 법하네요.

이런 오해는 앞뒤의 이야기 없이 '헤어진 상대에게 절을 하라.'만 기억하다 보니 발생한 것이죠. 이 문장만 보면 헤어진 남자 친구가 잘되라고 기도를 해줘야 하나 싶을 겁니다. 그런 뜻은 아닙니다.

연애를 하다 보면 사랑이 식어서, 상대에 대한 실망과 오해로, 또는 다른 피치 못할 사정으로 연인과 헤어지는 일이 발생합니다. 누구나 이별은 아프고 힘들겠지만 헤어지는 데도 예의와 방법이 있습니다. 그런데 종종 헤어지는 과정에서 상대에게 돌이킬 수 없는 상처를 입는 경우가 있습니다. 헤어지는 과정을 이해하지 못한 상태에서 상대에게 일방적으로 당하듯 이별하는 경우겠죠. 그때는 헤어진 남자 친구 혹은 여자 친구에 대한 미움의 상처를 가지게 됩니다.

미움의 상처가 있으면 떠난 상대가 아니라 내가 괴롭습니다. 내 마음속에 상처가 남아 도사리고 있기에 새로운 사람을 만나더라도 그 상처가 떠올라 장애가 됩니다. 예를 들어 새로운 사람을 만났는데 예전 남자 친구가 보였던 내가 싫어했던 모습을 보이면 어떻습니까? 내 마음이 격렬하게 반응을 하겠죠. 당연히 부정적인 면으로 작용합니다. '이 인간까지도 이 모양이네.' 이런 생각에 사로잡혀 애정도 팍 식어버리겠죠.

한 가지 예를 들어봅시다. 자라는 동안 아버지에게 받은 상처가 있는 사람은 연애할 때도 권위적인 상대의 행동을 극히 싫어합니다. 어릴 때 아버지가 술에 취해 집에 와서 고함을 지르고 난폭하게 행동했던 기억이 가슴에 남아 있다고 가정합시다. 과음으로 말미암은 주사가 아니라도 나쁜 예로 어머니를 때렸다거나 아주 엄하게 대하며 권위적으로 굴었던 아버지라면 자라면서 갈등이 많았겠죠. 가슴에 상처가 꼭꼭 숨어 있을 겁니다.

성인이 되고 남자 친구를 사귀었는데 이 남자 친구가 아버지와 비슷한 모습을 보인다고 생각해보세요. 혹은 결혼했다면 남편이 어느 순간 아버지와 똑같은 모습을 보인다고 가정해보세요. 그러면 나는 더 이상 참지 못하고 감정이 폭발할 겁니다.

"내가 자라면서 아버지 모습을 보고 얼마나 실망하고 상처를 받았는데 너까지 이 모양이야? 내가 이 꼬라지를 보면서는 못 산다. 아버지 한 명으로 충분했어. 갈라서!" 당장에 이성을 잃고 소리칠지 모릅니다. 조금 극단적인 예이긴 합니다만 내게 상처를 입히고 헤어진 남자 친구의 경우도 비슷합니다. 헤어지면서 남아 있는 안 좋은 상처는 치유해야 합니다.

지금 일어나는 문제가 당장 문제가 되는 경우는 10퍼센트가 안 됩니다. 지금 우리가 일어난 일에 대해 문제 삼는 것은 사실 90퍼센트는 이미 지나간 것들입니다. 지나간 상처가 덧나서 생기는 일입니다.

그래서 상대를 탓하지 말라고 하는 거예요. 그럴 때는 자신을 먼저 돌아보세요. '나한테 이런 상처가 있구나.', '나는 이런 문제가 발생하면 참을 수 없어하며 격렬하게 반응을 하는구나.', '내가 이런 꼴을 참고 보지 못하는구나.' 이렇게 원인을 헤아리는 겁니다. 그래야 이 문제를 풀 수 있어요.

헤어진 남자에 대한 미련도 끊고 헤어진 남자가 남긴 상처도 치유하는 방법은 무엇이냐? 내가 그 친구를 좋게 생각하고 기억에 남기는 겁니다. 좋게 생각하면 미련도 끊어지고 상처도 치유됩니다. 그러면 좋게 생각한다는 말은 무슨 뜻일까요?

'아이고, 내가 잘못했다. 내가 무슨 죄를 지었다.' 이런 건 아닙니다. '내가 내 생각에 너무 깊게 빠져서 그 사람을 제대로 이해하지 못했구나.' 하고 나를 참회해보세요. 그 과정을 통해 결국 내 상처를 치료하는 거예요. 그와의 관계를 좋은 이미지로 전환함으로써 결국은 내 삶을 행복하게 하는 겁니다. 이렇게 상처를 치유하고 나면 새로 만난 다른 사람과 사귈 때도 과거의 기억이 경험으로 작용하고 상처로 작용하지 않습니다.

종종 아버지나 어머니와의 관계나 가족 문제로 고민하는 사람이 찾아옵니다. 그중에서 부모님에게 상처받은 사람에게 저는 감사 기도를 드리라고 권합니다. 부모님께 좋은 감정이 아니기 때문에 감사 기도를 어렵게 생각하지요. 하지만 낳아준 것도 지금까지 키워준 것만 해도 고맙고 감사한 일이라고 생각합니다. 내 아버지가 나에게 어떻게 했다는 것을 따지지 말고 일단은 감사 기도부터 해보세요.

나이가 서른 살이 되고 마흔 살이 넘어가면 지금까지와 다른 시각에서 부모님을 바라보게 됩니다. 늘 갈등 관계였고 나에게 여러 가지 상처를 남긴 기억이 있을 겁니다. 하지만 내가 어른이 되면서 내 입장이 아니라 아버지나 어머니 입장에서 돌아보게 됩니다.

그 당시 '아버지가 실직하고 뜻대로 일이 안 풀리니까 술 마시고 집에 돌아와 행패를 부렸던 거구나.' 하고 이해할 날이 옵니다. 어릴 때는 몰랐지만 그때 '우리 아버지 역시 뭘 몰라서 집에 돌아와서나 겨우 그렇게 행동했구나.' 하고 연민하게 됩니다. 그 와중에 우리를 버리지 않고 고아원에 맡기지도 않고 잘 키워준 것만 해도 감사할 일 아닙니까?

어머니 역시 아버지와 부부 싸움을 하며 언성을 높이며 나를 불안하게 만들었어도 우리를 잘 돌봐준 덕분에 내가 지금 현재의 나로 성장할 수 있었던 것이죠. 그러니 '우리 부모님이 키워준 것만 해도 참 고맙다.' 하고 긍정적으로 생각하며 내 마음속의 상처를 치유하는 겁니다.

연인과의 사이에서 생긴 상처도 제대로 치유를 해야 새로운 사람을 만날 때 악영향으로 작용하지 않습니다. 작용을 하더라도 그 영향은 미미할 겁니다. 만약 새로 만난 사람과의 사이에서 예전의 상처가 떠올라 작용을 하게 되면 '이게 내 문제구나.'라고 알아채야 합니다. 그래야 새로운 인간관계를 좋게 만들어 갈 수 있습니다. 나를 돌아보고 '나한테 이런 상처가 남아 있구나.'라고 생각되면 내가 나를 치유해 나가는 과정이 필요하다고 볼 수 있습니다.

제가 108배를 하라고 말한 것은 이렇게 스스로 참회하라는 뜻입니다. 자기 문제는 돌아보지 않고 그저 남자 친구와 헤어지고 그냥 절을 해야 하는구나 하는 오해는 금물입니다. 헤어진 상대와 나 사이에 애증이 교차하면 사랑하는 마음도 남아 있고 미워하는 마음도 남아 있습니다. 치유는 이런 두 가지 마음이 남긴 상처를 사라지게 해주는 힘입니다.

우리 계속 행복할 수 있을까?

08.

"저는 서른네 살의 미혼입니다. 고민 상담보다는 여쭤보고 싶은 것이 있습니다. 스님은 행복한 결혼 생활이 무엇이라고 생각하시는지 궁금합니다."

"행복한 결혼 생활이 행복하게 사는 거지 뭐겠어요?"

행복하게 살면 행복한 결혼 생활이고, 불행하게 살면 불행한 결혼 생활이라고 말할 수 있어요. 그렇다면 행복하게 살려면 어떻게 해야 할까요? 방법은 간단합니다. 내가 상대에게 맞추면 됩니다.

쉬운 예로 설악산을 좋아하면 누가 좋습니까? 설악산이 좋습니까, 내가 좋습니까? 바다를 좋아하면 누구에게 좋습니까? 내가 좋아요.

바다가 나보고 좋다고 응답해준 적도 없고 설악산이 나한테 응답해준 적도 없어요. 사람과의 인간관계도 마찬가지입니다. 내가 상대를 이해하면 내 가슴이 후련하고, 내가 상대를 이해하지 못하면 내 가슴이 답답합니다.

우리 마음의 작용이 그렇습니다. 아무것도 없는 허공에 하느님이 있다고 믿으면 곧 신앙으로 형성됩니다. 그와 마찬가지로 내가 내 남자를, 내 여자를 믿으면 어떻게 될까요? 내 남자가, 내 여자가 그냥 하나님처럼 되는 거예요. 남이 뭐라고 말하든 댁의 남편이 어떻다고 험담하든 그런 이야기는 귀담아들을 필요가 없어요. 남이 하는 이야기를 먼저 들어야겠어요? 내 남편이나 아내가 하는 이야기를 먼저 들어야겠어요?

그런데 여러분은 누군가 여러분에게 와서 '당신 남자가 말이야 이렇더라?'라고 속닥거리면 금방 얼굴이 벌게지죠. 오죽하면 길 가는 사람의 말을 다 듣잖아요. 이런 현상은 바로 믿음이 없기 때문입니다. 부부 사이에 이해관계로 첨예하게 대립하여 믿음이 없는 것이 문제입니다. 이런 상황을 한번 생각해보세요. 이웃의 누군가가 나에게 이런 말을 던집니다.

"네 남편 말이야, 호텔에서 어떤 여자하고 나오더라."

이때 내가 보일 수 있는 반응은 무엇일까요?

"그래? 그게 뭐가 문젠데?"

이렇게 쿨하게 반응하면 말을 꺼낸 상대만 민망하겠죠. 나에게 와서 반갑지 않은 소식을 전하는 그 사람은 내가 행복한 결혼 생활을 누리는 모습이 싫어서 어떻게든 오해의 꼬리를 잡게 하려는 수작일지 모릅니다. 이보다 더 쿨한 반응도 있습니다.

"그런데 너는 나한테 그런 얘기를 왜 하는데? 호텔에서 나오는 남자 여자 한두 번 봤어? 우리 부부 사이가 행복한 게 꼴 보기 싫어서 그래? 웃기는 여자 다 있네."

이렇게 아무 일 아니게 넘기고 말면 더 이상 나올 뒷말도 없어지겠죠. 그래도 상대는 아쉬움을 버리지 못하고 나를 꼬드길지 모릅니다.

"뭔가 의심스럽지 않아? 아니, 나는 걱정스러워서 그러지. 내가 남의 일이라고 생각하면 이러겠어?"

이렇게 끊임없이 이어지는 갈등 조장 수다들은 아예 차단해버리는 것이 좋은 방법입니다.

"그런 생각 할 필요 없어. 오늘 저녁에 남편 들어오면 내가 물어보

욕심을 부리니까 갈등이 생기고 그러다 보니 혼자 사는 게
낫다는 결론이 나오게 되는 거예요. 여러분은 욕심 없이 화끈하게
서로 자유롭게 인정하면서 모두 행복하게 사세요.

면 되지, 뭐."

　이런 상황에서 친구나 이웃의 말을 믿어야겠어요, 남편이 직접 해주는 말을 믿어야겠어요? 남편 말을 믿고 의심의 싹도 틔우지 않는 것, 그게 바로 부부입니다. 남자들이 거짓말을 하지, 그런 상황에서 진실을 말하는 사람이 몇이나 되느냐고 항변하는 사람도 있을 겁니다. 그 말 역시 맞습니다. 그래도 남편이 거짓말을 해주니 얼마나 고마워요. 진실을 밝히면 부부 관계 끝나고 더 이상 못 살겠다는 결정을 오늘 당장 내릴지도 모르잖아요. 차라리 거짓말을 해주니 일단 오늘은 분노에 잠기지 않고 넘길 수가 있잖아요.

　이렇게 부부 사이에는 믿음이라는 게 있어야 합니다. 지금은 서로 믿음 없이 사는 사람이 많습니다. 이게 무슨 사랑이냐고 하지만 제가 보기에는 무슨 가을바람에 휘날리는 낙엽 같아요. 작은 문제만 생기면 바로 화가 일어나죠. 돈이 없어도 못 살겠다, 화만 내도 저 인간하고 못 살겠다, 하면서 말입니다.

　흔히 부부 사이에서 일어날 수 있는 분쟁의 요소를 생각해봅시다. 요즘은 남자나 여자가 모두 자유로우니까 이성 동창이나 옛 후배한테 전화가 걸려 올 수도 있습니다. 물론 결혼하고 이성 친구를 무분별하게 만나면 안 되지만 결혼했다는 이유로 인간관계를 다 끊고 살라고 할 수는 없습니다. 우리가 감옥살이하려고 결혼한 것은 아니니까요.

"여보, 대학 후배가 오랜만에 전화를 했네. 내일 저녁에 간만에 모인다는데 나도 가봐야겠어."

"그럼 다녀와요. 내가 기다리니까 너무 늦지는 마요."

오랜만에 옛 추억과 해후하려는 남편에게 아내가 이렇게 답하면 얼마나 멋집니까.

"옛날에 내가 만났던 남자 친구 있잖아. 그 친구가 괴로운 일이 있다고 성화를 하는데 어떻게 할까?"

이렇게 털어놓는 아내에게 남편으로서 폼나게 구는 좋은 방법도 있습니다.

"차비 줄 테니 다녀와. 괜히 우울증에 빠져서 사고 일으키지 않게 힘든 일이 있다면 잘 위로해주고 와. 그래도 한때 당신을 사랑했던 사람 아니야."

우리 모두 가슴도 마음도 좀 열고 살아봅시다. 얼마나 부부 사이에 자신이 없으면 일방적으로 매달리며 살까요? 초라하고 불쌍합니다.

이런 마음이 행동으로 옮겨지지 않는 이유를 저 역시 잘 알고 있습니다. 하지만 마음의 문을 열고 이렇게 화통하게 실천할수록 누가 큰 인간이 될까요? 내가 큰 인간이 되고, 내 삶이 행복해지고, 내 가족이 편안해집니다.

지금은 많은 부부들이나 연인들이 전부 정신병 수준에 빠져 있어요. 마음이라는 것은 좁히면 바늘 하나 꽂을 자리가 없어요. 반대로 마음을 넓히면 우주가 다 들어가도 텅 비어요. 좀 크게 생각하고 사세요. 조선 시대도 아니고 이 좋은 세상에 태어나서 왜 그렇게 살아야 합니까?

남녀가 만나는 것도 자유롭잖아요. 마음에 드는 상대가 나타나면 일단 만나보고 그래도 좋으면 사귀어도 보고. 생김새가 나를 끌리게 한다거나 성격이 마음에 든다거나 혹은 넉넉한 금전적인 여유가 마음에 든다면 그저 내 마음 가는 대로 선택하는 겁니다. 다만 그 선택에는 과보와 책임이 따릅니다. 내가 선택했으니 그 책임도 스스로 지면 되죠. 내가 선택한 인생인데 내가 책임을 지면 되잖아요. 노력해봤지만 잘 안 되면 그만둬도 되잖아요. 우리가 사는 시대는 이렇게 자유롭게 선택할 수 있습니다.

단, 문제가 닥쳤을 때 왜 상대를 미워하느냐는 반성이 필요합니다.

'내가 능력이 부족해서 도저히 안 되겠다. 관두자.' 이렇게 정리하고 나서도 '그래도 당신하고 3년 지내면서 참 행복했다.' 하고 좋게 생각하는 편이 훨씬 도움이 됩니다. 연애도 많이 하고 결혼도 여러 번 하면 친구도 많아지는 거예요.

'한 사람하고 살아야지.'라고 마음먹으면 3년도 못 살고 헤어져요. 왜냐하면 그 사람한테 모든 걸 요구하기 때문에 상대가 숨 막혀서 못 살아요. 제발 좀 껌처럼 딱 달라붙는 사람이 되지 말고, 쌀과자처럼 빠삭빠삭한 사람이 되세요. 좋으면 좋다고 말하고, 상대도 좋다고 하면 '오케이, 둘 다 좋네.' 이렇게 말입니다. 내가 좋다고 했지만 상대가 싫다고 하면 '그건 네 자유니까. 그래도 나는 좋아. 나는 좋으니까 좋을 대로 할래.' 이렇게 하면 되죠. 산도 좋아하는데 사람을 좋아하는 게 뭐가 문제예요?

문제가 생기는 원인은 '내가 널 좋아하니까, 너도 좋아해라.' 혹은 '나는 세 번 좋아했는데 너는 왜 한 번만 좋아하는 거야?' 이렇게 자꾸 장사를 하니까 복잡해지는 겁니다. 그러니까 사랑이든 결혼이든 남녀의 감정 사이에서 장사하지 마세요. 사업적인 계산을 하지 않고 사람과 사람이 좀 편하게 만나고 마음을 열고 살면 어떤 사람과 만나도 평생 해로하며 살 수 있어요. 그렇게 하면 저절로 행복해집니다.

결혼하면 행복할 것이라고 믿습니까? 그건 절대 아니에요. 행복하도록 내가 만들어야 해요. 부부는 서로 다른 두 사람이 함께 살죠. 그 속에서 내가 뭔가를 움켜쥐면 반드시 갈등이 생깁니다. 나는 된장찌개를 좋아하는데 상대는 김치찌개를 좋아합니다. 이때 '그래, 너 좋아하는 김치찌개 먹자. 이거 먹으나 저거 먹으나 배 속에 들어가면 똑같다.'라고 생각하는 겁니다. 그래도 된장찌개가 먹고 싶으면 그냥 된장찌개를 끓이는 거예요. 상대는 제가 좋아하는 것이 아니라고 잔소리를 하겠죠? 그러면 내가 한 일이 있으니까 잔소리는 좀 들으면 되는 거예요.

그런데 그 잔소리도 안 들으려고 하면서 내 고집대로 하려고 하면 갈등이 멈추지 않습니다. 나쁜 표현으로 '너는 해라, 나는 그냥 흘려 들으련다.' 이렇게 넘어가버리면 됩니다. 내가 한 행동이 있으니까 상대가 성질을 부리면 미안하다고 사과하면 끝나겠죠. 이렇게 좀 화끈하게 사세요. 둘이 살면서 날마다 싸우지 말고요. 이렇게 마음을 열고 시작하면 연애하기도, 결혼하기도, 결혼 후 부부 생활을 하기도 훨씬 쉽습니다. 혼자 사는 것보다는 둘이 살면 훨씬 재밌잖아요. 좋으니까 인류 역사가 지금까지 인간이 가족을 이루고 살게 해 왔지요. 가족 관계가 편리하고 효율적이라는 뜻입니다.

  욕심을 부리니까 갈등이 생기고 그러다 보니 혼자 사는 게 낫다는 결론이 나오게 되는 거예요. 여러분은 욕심 없이 화끈하게 서로 자유롭게 인정하면서 모두 행복하게 사세요.

❝
결혼만 하면 저절로 행복이 굴러 올 것이라는
믿음은 어리석은 것입니다.
결혼으로 행복하려면 나와 네가 함께
노력으로 '행복'을 만들어 가야 해요.❞

| 법륜 스님의 청춘 멘토링 |

방황해도 괜찮아

초판 1쇄 발행 2012년 2월 1일
초판 27쇄 발행 2012년 12월 3일

지은이 | 법륜
발행인 | 전재국

본부장 | 이광자
임프린트 대표 | 김경섭
기획편집 | 오혜영·정정은·한선화·이미아
마케팅실장 | 정유한
책임마케팅 | 노경석·윤주환·조안나·이철주
제작 | 정웅래·김영훈

발행처 | 지식채널
출판등록 | 2008년 11월 13일 (제321-2008-00139호)
주소 | 서울특별시 서초구 서초동 1628-1 (우편번호 137-879)
전화 | 편집 (02) 3487-1650, 영업 (02) 2046-2800

ISBN 978-89-527-6423-2 03810

이 책의 내용을 무단 복제하는 것은 저작권법에 의해 금지되어 있습니다.
파본이나 잘못된 책은 구입하신 곳에서 교환해드립니다.

'지식채널'은 (주)시공사의 임프린트입니다.